本书由
中央高校建设世界一流大学（学科）
和特色发展引导专项资金
资助

中南财经政法大学"双一流"建设文库

中│国│经│济│发│展│系│列

中国旅游标准化的理论与实践创新

舒伯阳 王 哲 编著

中国财经出版传媒集团
经济科学出版社
Economic Science Press

图书在版编目（CIP）数据

中国旅游标准化的理论与实践创新/舒伯阳，王哲编著．
—北京：经济科学出版社，2019.12
（中南财经政法大学"双一流"建设文库）
ISBN 978-7-5218-1160-5

Ⅰ.①中… Ⅱ.①舒…②王… Ⅲ.①旅游业-标准化
管理-研究-中国 Ⅳ.①F592

中国版本图书馆 CIP 数据核字（2019）第 291173 号

责任编辑：孙丽丽 胡蔚婷
责任校对：靳玉环
版式设计：陈宇琰
责任印制：范 艳 张佳裕

中国旅游标准化的理论与实践创新
舒伯阳 王 哲 编著
经济科学出版社出版、发行 新华书店经销
社址：北京市海淀区阜成路甲 28 号 邮编：100142
总编部电话：010-88191217 发行部电话：010-88191522
网址：www.esp.com.cn
电子邮箱：esp@esp.com.cn
天猫网店：经济科学出版社旗舰店
网址：http://jjkxcbs.tmall.com
北京季蜂印刷有限公司印装
787×1092 16 开 13.25 印张 210000 字
2019 年 12 月第 1 版 2019 年 12 月第 1 次印刷
ISBN 978-7-5218-1160-5 定价：55.00 元
（图书出现印装问题，本社负责调换。电话：010-88191510）
（版权所有 侵权必究 打击盗版 举报热线：010-88191661
QQ：2242791300 营销中心电话：010-88191537
电子邮箱：dbts@esp.com.cn）

总 序

"中南财经政法大学'双一流'建设文库"是中南财经政法大学组织出版的系列学术丛书,是学校"双一流"建设的特色项目和重要学术成果的展现。

中南财经政法大学源起于 1948 年以邓小平为第一书记的中共中央中原局在挺进中原、解放全中国的革命烽烟中创建的中原大学。1953 年,以中原大学财经学院、政法学院为基础,荟萃中南地区多所高等院校的财经、政法系科与学术精英,成立中南财经学院和中南政法学院。之后学校历经湖北大学、湖北财经专科学校、湖北财经学院、复建中南政法学院、中南财经大学的发展时期。2000 年 5 月 26 日,同根同源的中南财经大学与中南政法学院合并组建"中南财经政法大学",成为一所财经、政法"强强联合"的人文社科类高校。2005 年,学校入选国家"211 工程"重点建设高校;2011 年,学校入选国家"985 工程优势学科创新平台"项目重点建设高校;2017 年,学校入选世界一流大学和一流学科(简称"双一流")建设高校。70 年来,中南财经政法大学与新中国同呼吸、共命运,奋勇投身于中华民族从自强独立走向民主富强的复兴征程,参与缔造了新中国高等财经、政法教育从创立到繁荣的学科历史。

"板凳要坐十年冷,文章不写一句空",作为一所传承红色基因的人文社科大学,中南财经政法大学将范文澜和潘梓年等前贤们坚守的马克思主义革命学风和严谨务实的学术品格内化为学术文化基因。学校继承优良学术传统,深入推进师德师风建设,改革完善人才引育机制,营造风清气正的学术氛围,为人才辈出提供良好的学术环境。入选"双一流"建设高校,是党和国家对学校 70 年办学历史、办学成就和办学特色的充分认可。"中南大"人不忘初心,牢记使命,以立德树人为根本,以"中国特色、世界一流"为核心,坚持内涵发展,"双一流"建设取得显著进步:学科体系不断健全,人才体系初步成型,师资队伍不断壮大,研究水平和创新能力不断提高,现代大学治理体系不断完善,国际交流合作优化升级，综合实力和核心竞争力显著提升，为在 2048 年建校百年时，实现主干学科跻身世界一流学科行列的发展愿景打下了坚实根基。

"当代中国正经历着我国历史上最为广泛而深刻的社会变革，也正在进行着人类历史上最为宏大而独特的实践创新"，"这是一个需要理论而且一定能够产生理论的时代，这是一个需要思想而且一定能够产生思想的时代"[①]。坚持和发展中国特色社会主义，统筹推进"五位一体"总体布局和协调推进"四个全面"战略布局，实现"两个一百年"奋斗目标、实现中华民族伟大复兴的中国梦，需要构建中国特色哲学社会科学体系。市场经济就是法治经济，法学和经济学是哲学社会科学的重要支撑学科，是新时代构建中国特色哲学社会科学体系的着力点、着重点。法学与经济学交叉融合成为哲学社会科学创新发展的重要动力，也为塑造中国学术自主性提供了重大机遇。学校坚持财经政法融通的办学定位和学科学术发展战略，"双一流"建设以来，以"法与经济学科群"为引领，以构建中国特色法学和经济学学科、学术、话语体系为己任，立足新时代中国特色社会主义伟大实践，发掘中国传统经济思想、法律文化智慧，提炼中国经济发展与法治实践经验，推动马克思主义法学和经济学中国化、现代化、国际化，产出了一批高质量的研究成果，"中南财经政法大学'双一流'建设文库"即为其中部分学术成果的展现。

文库首批遴选、出版二百余册专著，以区域发展、长江经济带、"一带一路"、创新治理、中国经济发展、贸易冲突、全球治理、数字经济、文化传承、生态文明等十个主题系列呈现，通过问题导向、概念共享，探寻中华文明生生不息的内在复杂性与合理性，阐释新时代中国经济、法治成就与自信，展望人类命运共同体构建过程中所呈现的新生态体系，为解决全球经济、法治问题提供创新性思路和方案，进一步促进财经政法融合发展、范式更新。本文库的著者有德高望重的学科开拓者、奠基人，有风华正茂的学术带头人和领军人物，亦有崭露头角的青年一代，老中青学者秉持家国情怀，述学立论、建言献策，彰显"中南大"经世济民的学术底蕴和薪火相传的人才体系。放眼未来、走向世界，我们以习近平新时代中国特色社会主义思想为指导，砥砺前行，凝心聚

---

① 习近平：《在哲学社会科学工作座谈会上的讲话》，2016 年 5 月 17 日。

力推进"双一流"加快建设、特色建设、高质量建设,开创"中南学派",以中国理论、中国实践引领法学和经济学研究的国际前沿,为世界经济发展、法治建设做出卓越贡献。为此,我们将积极回应社会发展出现的新问题、新趋势,不断推出新的主题系列,以增强文库的开放性和丰富性。

"中南财经政法大学'双一流'建设文库"的出版工作是一个系统工程,它的推进得到相关学院和出版单位的鼎力支持,学者们精益求精、数易其稿,付出极大辛劳。在此,我们向所有作者以及参与编纂工作的同志们致以诚挚的谢意!

因时间所囿,不妥之处还恳请广大读者和同行包涵、指正!

中南财经政法大学校长

目 录

第一章 旅游标准化的相关理论
　　一、标准化的概念、原理与分类　　2
　　二、旅游标准化与旅游标准化体系　　11

第二章 中国旅游标准化的历程
　　一、中国旅游标准化的发展历程　　18
　　二、中国旅游标准化的组织实施　　24
　　三、全国旅游标准化发展规划　　26
　　四、中国旅游标准化的分类实施　　32
　　五、全国旅游标准化试点地区创建　　32

第三章 旅游标准化的方法工具
　　一、旅游标准化综合管理云平台　　46
　　二、旅游标准实施小助手工具　　61
　　三、导向标识辅助设计平台　　77
　　四、试点企业标准化诊断工具　　98

第四章 旅游标准化的中国实践
　　一、旅游相关的国家与行业标准　　120
　　二、全国旅游标准化创建指南　　139
　　三、创建工作流程指引与优化　　150
　　四、旅游标准化地区创建经验　　177

参考文献　　199

第一章
旅游标准化的相关理论

标准化是人类在长期生产实践过程中逐渐探索和创立的一门科学和重要的应用技术。当今时代已进入后工业化时代，标准和标准化已从早期工业标准化的狭窄领域，进入农业、信息业、服务业乃至与生活相关的各个领域，特别是服务业标准化，更是近年来标准化发展的新领域，而旅游业作为服务业中的成长最为迅速的引领行业，旅游标准化成为近年来备受学界及业界关注的新领域。

一、标准化的概念、原理与分类

概念是思维的产物，它是以抽象的方式反映客观事物和事物特性的一种思维形式。标准化作为一门独立的学科，有着自身特有的概念体系。标准化的概念是人们对标准化有关范畴本质特征的概括，研究标准化的概念，对于标准化学科的建设发展以及传播标准化都具有重要意义。在标准化概念体系中，最基本的概念是"标准"和"标准化"。

（一）标准与标准化

1. 标准的定义与特点

标准通常是指"为了在一定的范围内获得最佳秩序，经协商一致制定并由公认机构批准，共同使用的和重复使用的各种规范性文件"[①]。另外，国际标准化组织（ISO）和国际电工委员会（IEC）认为"标准宜以科学、技术和试验的综合成果为基础，以促进最佳的共同效益为目的"。而世界贸易组织（WTO）也对标准进行了定义："由公认机构批准的、非强制性的，为了通用或反复使用的目的，为产品或相关生产方法提供规则、指南或特性的文件。标准可以包括专门规定用于产品、加工或者生产方法的术语、符号、包装标准或者标签要求。"

通过上述定义，我们可以将标准理解为一种规范性的文件。所谓规范性文件是指为各种活动或其结果提供规则、导则或者规定特性的文件，它是标准、

---

① 引自 CB/T 20000.1-2001，定义 2.3.2。

法律、法规和规章等类文件的统称。由此可见，标准本质上是一种具有特殊属性的规范性文件。

学术界与业界通常认为"标准"具有以下特点：

第一，标准必须同时满足"共同使用和重复使用"的双条件特点。因为，只有大家共同使用并且要多次重复使用，标准文件才有存在的必要。

第二，制定标准的目的是获得最佳秩序，以促进共同的效益。这种最佳秩序的获得有一定的范围，"一定范围"是指适用的人群和相应的事物。适用的人群可以是全球范围、某个区域、某个国家某个地方、某个行业、某个组织等，具体的适用人群取决于协商的结果；相应的事物指条款设计的内容，可以是有形、无形、硬件或软件等。

第三，制定标准的原则是协商一致。即制定标准的各方对于实质性问题没有反对意见，并按照程序对各方观点均进行了研究，且对所有争议进行了协调。

第四，制定标准需要有一定的规范化程序，并且最终由公认标准机构发布。标准机构可以是国家层面的、区域或者国际层面的，以指定、通过或者批准、公开发布标准为主要职能的标准化机构。

第五，标准产生的基础是科学、技术和经验的综合成果。标准作为规范性文件，是一种技术类文件，具有技术含量，是在充分考虑最新技术水平后制定的，是对人类实践经验的科学归纳、整理并规范化的结果。

2. 标准化的定义与理解

标准化是指"为了在一定范围内获得最佳秩序，对现实问题或潜在问题制定共同使用和重复使用的条款的活动"[①]。该定义项还特别注明：（1）上述活动主要包括编制、发布和实施标准的过程；（2）标准化的主要作用在于为了其预期目的改进产品、过程或服务的实用性，防止贸易壁垒，并促进技术合作，获得最佳秩序，促进共同效益。

为进一步加深对标准化的理解，我们还可进行内涵拓展：

（1）标准化活动是制定、发布和实施标准的系统过程，标准是标准化活动过程的产物。

（2）标准化是一个与标准制定、发布和实施等相关并相互作用的系统过程，

---

① 引自 GB/T 20000.1－2001，定义 2.1.1。

是研究标准的客观规律和运行方法的过程。

（3）与标准对应，标准化是一个相对动态的概念，无论是一项标准，还是一个标准体系，都在随着时代的步伐向更深层次和广度变化发展，因而标准没有最终成果，标准在深度上无止境，广度上无极限正是标准化的动态特征。

（4）标准化的相对性概念，还存在于事物和概念进步的标准化与非标准化、个性与共性的相互不断转化的客观规律中，任何已经标准化的事物和概念，都可能随着时代的发展和条件的变化，突破原有的规定，成为非标准。

（5）标准化的效果只有当标准在实践中得到实施才能表现出来。因此，标准的贯彻实施是标准化活动不可或缺的重要环节。

标准化的本质特征是统一，是对重复性的事物和概念作出共同遵循和重复使用规则的活动。因此，首先要做到概念的统一，才能做到事的统一，这也正是在制定标准时，首先要对标准中涉及的关键的名词术语进行界定的原因。

（二）标准化发展历程

伴随着人类生产生活的发展，标准化的发展经历了远古时代的标准化思想萌芽阶段、手工业时期的古代标准化阶段、工业化时期的近代标准化阶段到今天的全球经济一体化的标准综合化阶段。从全球标准化的发展情况来看，国际标准化发展要早于国内，其组织水平也相对要高。

1. 国际标准化发展历程

（1）工业化时期近代标准化起步阶段：近代工业标准化始于18世纪末，英国纺织工业革命标志着工业化时代的开始，大机器工业生产方式促使标准化发展成为一种有明确目标和有系统组织的社会活动。从"标准化之父"美国艾利·惠特尼发明的"工序生产方法"，到英国 J. B. 惠特沃斯设计的统一制式螺纹，再到美国管理学之父 F. W. 泰勒创造的"标准作业方法"和"标准时间"，标准化方法不断从生产领域向管理领域发展演进。同时，随着大工业化的兴起和行业分工的细化，各种学术团体和行业协会纷纷成立。1901年世界上第一个国家标准化机构——英国工程标准委员会成立。20世纪初的欧洲，电子领域的标准化率先兴起，1906年世界上最早的国际标准化机构——国际电工委员会（IEC）成立。其他技术领域的标准化工作由成立于1926年的国家标准化协会的国际联盟（ISA）承担，其重点在于机械工程方面，由于第二次世界大战的爆发，ISA 工作在 1942 年终止。

（2）战后现代标准化快速发展阶段：第二次世界大战期间，由于军需品的规格不统一，致使盟军的供给异常紧张，不仅造成了极大的经济损失，还常常贻误战机。为此，美国率先制定了军工产品标准，有效提高了军需后勤效率，军事标准化极大地促进了现代标准化的发展。

1946 年，来自 25 个国家的代表在伦敦召开会议决定成立一个新的国际组织，其目的是促进国际间的合作和工业标准的统一。1947 年 2 月 23 日，国际标准化组织（International Organization for Standardization，ISO）宣告成立，总部设在瑞士日内瓦，并于 1951 年发布了第一个标准——工业长度测量用标准参考温度。1961 年欧洲标准化委员会（CEN）成立。1976 年欧洲电工标准化委员会（CENELEC）成立。"二战"后各国均已认识到标准对于经济发展的重要作用，因此纷纷加大对标准化的建设，标准在这一时期得以迅猛发展。

国际上标准化运动由工业产品、农产品、交通运输等领域逐渐扩展到信息产业和服务业，旅游标准化则出现在 20 世纪 80 年代以后，是标准化家族中年轻的成员。

（3）全球化时期标准化升级发展阶段：随着全球范围的信息技术革命和以世界贸易组织（WTO）为标志的经济全球化的兴起，国际经济贸易交流越来越频繁，国际贸易扩大，跨国公司兴起和发展，全球经济一体化形成，标准的国际化和综合化作为消除贸易壁垒的重要手段，因此相应的标准化转型升级得到迅速发展。这一时期的标准化特点是系统性、国际性和综合化发展趋势，而经济和信息技术的发展是这一时期标准化发展的主要推动力。

2. 我国标准化发展历程

（1）古代标准化发展：3000 多年前，我国古人制作青铜器和钱币使用的"范"就是最早标准化的产物。战国时代，秦国正是依赖"制式武器""秦直道"等标准化建立了强大的军事力量，从而统一了六国，秦统一六国后，进一步在全国推行"车同轨，书同文"标准化。当时颁布的《工律》规定了手工业产品的标准；《金布律》规定了布匹的尺寸标准；《田律》规定了农业和种子的耕作使用规范等。到了宋代，官方编写的《军器法式》规定了军旗制造规范，《营造法式》则是木结构建筑的营建标准，以及毕昇的活字印刷术等，这些都是古代中国标准化的典范。

（2）近代标准化发展：1930年，国民政府成立了全国度量局，承担监管标准局的职责。1940年标准局兼办工业标准事宜，正式推行工业标准。其间，成立专门标准起草委员会4个（医药器材、化工、机械、电工），编制标准草案877个，收集国外标准1 800多个，翻译各国标准3 800多个。截至1946年，国民政府颁布《标准法》，1947年国际标准化组织成立，中国和苏联、美国、英国、法国为常务委员。1951年被停止会籍。1978年中华人民共和国重新加入国际标准化组织。

（3）新中国标准化发展：1949年中华人民共和国成立，当时在中央政府政务院财政经济委员会的中央技术管理局设立了标准规格处，专门负责工业生产和工业建设标准化工作。由于当时的国情和国际背景，中国主要采用的是苏联标准。20世纪60年代初中苏关系破裂，中国开始独立自主地建设标准化，形成了国家标准、部标准和企业标准三级标准体系。"文革"期间标准化工作停滞。1979年国家颁布《中华人民共和国标准化管理条例》，重新开始标准化建设，并于1988年颁布了《中华人民共和国标准化法》，我国标准化建设正式走上法制轨道，1990年颁布的《中华人民共和国标准化法实施条例》规定了中国标准分为国家、行业、地方和企业标准四级；国标、行标和地标又分为强制性和推荐性两类。这一时期中国经济建设取得了举世瞩目的成就，标准化发展同步也取得了长足进步。

2000年后，随着改革的深入和市场经济的发展以及中国加入世界贸易组织，我国标准化开始由本土化走向国际化。为了更好地与国际接轨成为当前标准化发展面临的新任务，特别是服务业的兴起，标准化在服务领域尤其是在旅游业等新兴领域的推行成为当前标准化发展和研究的新方向。

（三）标准化基本原理

1. 简化原理

就是在一定范围内，精简标准化对象（事物或概念）的类型数目，以合理的类型数目在既定的时间、空间范围内满足一般需要。简化是通过标准化活动把多余的、可替换的、低功能的环节去掉，使事物和概念趋于优化，便于统一规范。标准化的本质就是简化。

2. 统一原理

就是把同类事物两种以上的表现形式归并为一种，或限定在一个范围内的标准化形式。统一化的实质是使对象的形式、功能（效用）或者其他技术特征具有一致性，与被取代的事物功能等效。统一化应遵循以下三大原则：一致性原则，即统一是为了获得一致；时空性原则，即统一是在一定的时间和空间实现的，错过了这个时间和环境，标准就不一定适用，需要重新研究和修订；等效性原则，即简化、统一、取得一致后的事物，必须与被简化、统一和取代前的事物在功能上具有等效性。

3. 协调原理

标准体系内的各有关技术标准、管理标准和工作标准体系，各项标准间的相互关系必须协调一致以标准为接口，协调企业的各层次、各部门、各专业、各环节之间的技术关联，解决各相关方的连接和配合的科学性、合理性，使标准体系在一定时期内保持相对平衡和稳定。

标准体系的整体功能要靠每个构成标准的自身功能以及各相关标准之间的有机联系和相互作用来保证。因此，一方面要保持标准内各要素间的协调；另一方面要保持相关标准间的协调。此外，随着标准综合化的发展，还要保持标准体系间的协调。

4. 优化原理

标准化的最终目的是取得最佳效益。因此在标准制定和实施过程中，要贯彻最优化原则，就是要依据既定的方针目标，在一定条件下，对标准体系构成要素及其相互关系进行优化选择，使标准的实施效果达到最佳。

（四）标准的应用分类

标准化工作是一项复杂的系统工程，为适应不同的要求，标准正在构成一个庞大而复杂的系统。为便于研究和应用，目前学术界一般按以下不同的角度和属性对标准进行分类（见表1-1）。

表 1-1　　　　　　　　　　　中国标准的应用分类

分类依据	子类	具体描述
根据适用范围	国家标准	国家标准（national standard）：是指"由国家标准机构通过并公布的标准"（引自 GB/T20000.1-2001，定义 2.3.2.1.3）。具体地说，指由国务院标准化行政主管部门制定的需要在全国范围内统一的技术要求，代号 B 或 GB/T，简称国标或国标（推）
	行业标准	行业标准（branch standard）：对没有国家标准而又需要在全国某个行业范围内统一的技术要求，由国务院有关行政主管部门制定并报国务院标准化行政主管部门备案的标准
	地方标准	地方标准（provincial standard）：是指"由国家的某个地区通过并公布的标准"（引自 GB/T20000.1-2002，定义 2.3.2.1.4）。具体来说，指对没有国家标准和行业标准而又需要在省、自治区、直辖市范围内统一的工业产品的安全卫生要求，由省、自治区、直辖市标准化行政主管部门制定并报国务院标准化行政主管部门和国务院相关行业行政主管部门备案的标准
	企业标准	企业标准（company standard）：企业生产的产品没有国家标准、行业标准和地方标准，可由企业制定的作为组织生产依据的相应的标准，或在企业内指定使用的严于国家、行业或地方标准的内控标准，由企业自行组织制定并按省、自治区、直辖市人民政府的规定备案
根据法律属性	强制性标准	强制性标准（mandatory standard）：主要是保障人体健康，人身、财产安全的标准和法律、行政法规规定强制执行的标准。其范围严格限制在国家安全，防止欺诈行为，保护人身体健康与生命，财产安全，保护动植物的生命和监看以及保护环境五个方面
	推荐性标准	推荐性标准（recommended standard）：是指导性标准，指由公认机构批准的，非强制性的，为了通用或反复使用的目的，为产品或相关生产方法提供规则、指南或特性的文件
	标准化指导性技术文件	标准化指导性技术文件（standardization technical guidance document）：是为仍处在技术发展过程中（变化快的技术领域）的标准化工作提供指南或信息，供科研、设计生产、使用和管理等有关人员参考使用而制定的标准文件

续表

分类依据	子类	具体描述
根据标准的性质	技术标准	技术标准（technical standard）：对标准化领域中需要协调统一的技术事项而制定的标准。主要是事物的技术性内容
	管理标准	管理标准（management standard）：对标准化领域中需要协调统一的管理事项而制定的标准。主要规定人们在生产活动和社会生活中的组织结构、职责权限、过程方法、程序文件以及资源分配等事宜
	工作标准	工作标准（working standard）：对标准化领域中需要协调统一的工作事项而制定的标准。主要针对具体岗位活动而规定人员和组织在生产经营管理活动中的职责、权限，对这种过程的定量定性要求以及活动程序和考核评价要求
根据标准化的对象和作用	基础标准	基础标准（basic standard）：在一定范围内作为其他标准的基础并普遍使用，具有广泛指导意义的标准，如术语、名词、符号、代号、标识、方法、模数、计量单位制公差与配合、形状与位置公差、表面粗糙度、优先数系、纹及齿轮模数标准、基本阐述系列、图形符号与工程制图、产品环境条件、可靠性要求等。休闲服务标准主要涉及术语、符号、标识等
	产品标准	产品标准（product standard）：是指"规定产品应满足的要求以确保其适用性的标准"（引自GB/20000.12001，定义2.5.4）。按照ISO对标准化对象的划分，产品标准是相对于过程标准和服务标准而言的一大类标准。为保证产品的适用性，对产品必须达到的某些或者全部特性要求所制定的标准，是设计生产、制造、质量检验使用维护和贸易合约的技术依据。其范围包括：品种、规格、技术要求、试验方法、检验规则、包装、标志、运输和储存要求
	过程标准	过程标准（process standard）：是指"规定过程应满足的要求以确保其适用性的标准"（引自GB/T20000.1201，定义2.5.5）。按照ISO对标准化对象的划分，过程标准是相对于产品标准和服务标准而言的一大类标准，与过程有关的标准都可以划入这一类别。过程标准主要是如何做的标准。人类的生产生活活动中大多经历的是过程，因而标准化活动中指定的标准大部分也是过程标准

续表

分类依据	子类	具体描述
根据标准化的对象和作用	服务标准	服务标准（service standard）：是指"规定服务应满足的要求以确保其适用性的标准"（引自 GB/T20000.1－2001，定义2.5.6）。按照 ISO 对标准化对象的划分，服务标准是相对于产品标准和过程标准而言的一大类标准与服务有关的标准都可以划入这一类别。从上述定义中可以看出，将产品标准定义中的"产品"替换成了"服务"，就是服务标准的定义。服务标准与产品标准有许多共同之处，服务标准的主要内容是规定服务应该满足的要求，目的是要保证服务这一产品的适用性。服务指为满足顾客需要、供方和顾客之间接触的活动以及供方内部活动所产生的结果。服务作为产品除了具有与其他产品相同的商品特性外，还具有以下特点：服务大多具有无形性；服务的生产与消费往往是同时的，基本是一次性的；服务不能储存，也不能运输。由于服务具有上述特点，使得有些服务标准规定过程要比规定结果更具有可检验性
	方法标准	方法标准（method standard）：以试验、检查、分析抽样、统计、计算、测量、作业等各种方法为对象而制定的标准
	安全标准	安全标准（safety standard）：以保护人和物的安全为目的而制定的标准
	卫生标准	卫生标准（hygienic standard）：为保护人的健康，对食品、医药及其他方面的卫生要求而制定的标准
	环境标准	环境标准（environmental standard）：为保护环境和有利于生态平衡对大气水体、壤、噪声、振动、电磁波等环境质量、污染管理、监测方法及其他事项而制定的标准
根据标准的要求程度	规范	规范（specification）：是指"规定产品、过程或服务需要满足的要求的文件"（引自 GB/T1.1－2009，定义3.1）。从这一定义可以看出，几乎所有的标准化对象都可以成为"规范"的对象，无论是产品、过程还是服务，或者是其他更加具体的标准化对象。这类文件的内容有一个共同的特点，即它规定的是各类标准化对象需要满足的要求。在适宜的情况下，规范最好指明可以判定其要求是否得到满足的程序，也就是说规范中应该有由要求型条款组成的"要求"一章，其中所提出的要求，一旦声明符合标准是需要严格判定的。因此，规范中需要同时指出判定符合要求的程序

续表

分类依据	子类	具体描述
根据标准的要求程度	规程	规程（code of practice）：是指"为设备、构件式产品的设计制造、安装、维护或使用而推荐惯例或程序的文件"（引自 GB/T2000.1－2002，定义2.3.5）。从这一定义可以看出，规程所针对的标准化对象是设备、构件或产品。规程与规范的区别是多方面的：规程的标准化对象较规范来说更加具体；规程中的内容是"推荐"惯例程序，规范是"规定"技术要求；规程中的惯例或程序推荐的是"过程"，而规范规定的是"结果"；规程中大部分条款是由推荐型条款组成，规范必定由要求型条款组成的"要求"。因此，从内容和力度上看，"规程"和"规范"之间都存在着明显的差异
	指南	指南（guideline）：是指"给出某主题的一般性原则性、方向性的信息、指导或建议的文件"（引自 GB/T1.12009，定义3.3）。从这一定义可以看出，指南的具体内容限定在信息、指导或建议等方面，而不涉及要求或程序

资料来源：根据《旅游标准化导论》一书整理。

二、旅游标准化与旅游标准化体系

（一）旅游标准化概况

自1978年开始，我国旅游业从外事接待工作中分离出来，并逐渐发展成为一个独立的经济产业。1981~1985年，是我国国际旅游市场高速成长的时期，改革开放使入境旅游率先在中国得到了快速发展。1986年我国正式将旅游业确立为国民经济体系中的一个支柱产业，将旅游业写进了"七五"计划中，实现了旅游业由事业型向产业型的实质性转变。进入20世纪90年代以后，国内旅游开始出现"井喷"式发展，已经成为旅游业发展的一个重要领域，其深远意义已经远超其纯经济属性。自1993年起我国开始实行大小周末制度，1995年全面推行周五工作制，到2000年设立"黄金周"节假日制度安排。旅游已经成为人民群众追求精神享受、提高生活品质的消费新常态。2009年国务院《关于加快发展旅游业的意见》中将旅游业定位于"国民经济战略性支柱产业"和"人民群众更加满意的现代服务业"。这意味着我国旅游已经进入了大众旅游时代，旅游标准化工作也随之由涉外接待行业向社会服务业转型。

与以上旅游产业发展相伴随的是，1987 年，我国首次制定并颁布实施了《旅游涉外饭店星级的划分与评定》，并于 1993 年上升成为国家标准。目前，星级标准已成为我国饭店行业的主导标准，对我国饭店市场的规范经营和长远发展产生了深远影响，并已成为其他服务业的参考标准。

1993 年 12 月 28 日，国家技术监督局批复了旅游行业标准归口管理范围和旅游行业标准代号。旅游行业标准归口管理范围共三大类十八个方面的标准化工作，包括旅游标准化工作导则、各类旅游标志、旅游术语、资源普查规范等综合类标准以及旅游涉外饭店、旅行社、旅游车船、游览参观点等旅游服务组织的服务设施标准及其服务质量标准。1995 年 1 月 6 日，国家技术监督局正式批复成立全国旅游标准化技术委员会，其日常管理设在国家旅游局行业监管司。

在旅游行业标准化工作不断发展的同时，各级旅游行政管理部门和旅游企业的标准化建设也取得了新的进展。在 1997 年全国旅游行业管理工作会议上，国家旅游局明确提出，有条件的省、自治区、直辖市旅游局应当建立标准化管理机构，建立专门机构有困难的也应当设立标准化管理岗位，负责标准的宣传贯彻，指导企业开展标准化工作。

旅游标准化在开拓旅游行业管理、提高行业服务水平、加快与国际接轨、促进行业发展、确立中国旅游业的产业形象和质量形象等方面发挥了积极作用，产生了明显的效益。通过实施标准化带动战略，旅游标准化建设已经取得了明显成果，目前，全国各地旅游标准化组织逐步建立、旅游标准体系初步建立、旅游标准化工作稳步推进。

（二）旅游标准化体系

标准体系是指一定范围内的标准按其内在联系形成的科学的有机整体。通过构建标准体系框架和形成标准体系表，将行业内的标准组成全面成套、层次恰当、划分明确的系统[1]，从而规范和引导行业的有序发展，更好地为企业和市场服务。通过建设标准体系框架，减少标准间的重复和相互矛盾，确保标准编

---

① 中华人民共和国国家技术监督局：《GB/T13016 - 91. 标准体系表编制原则和要求》，中国标准出版社 1991 年版，第 2～3 页。

制工作科学有序地进行。旅游标准体系则是由旅游业内具有一定内在联系的一系列旅游标准构成的一个有机整体。

(三) 旅游标准化管理机构 (见图1-1)

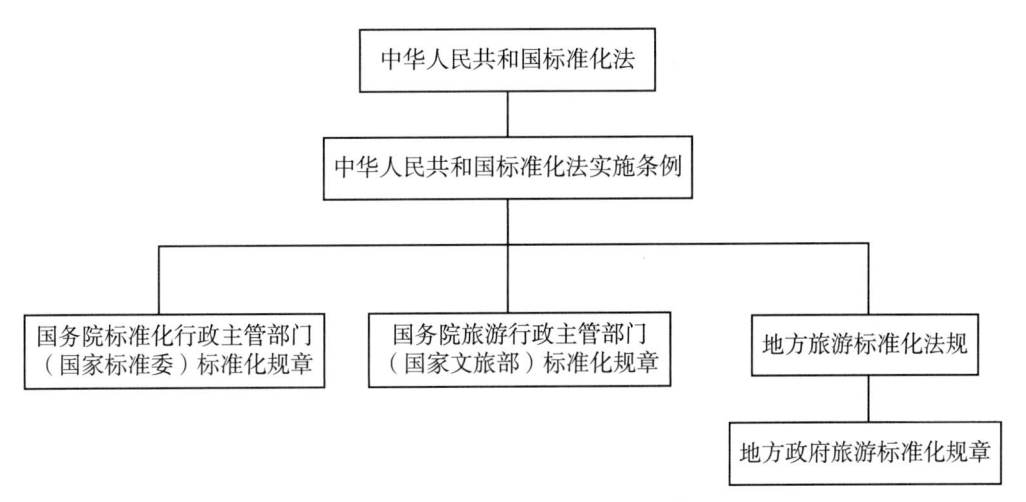

```
                    中华人民共和国标准化法
                            │
                   中华人民共和国标准化法实施条例
                            │
        ┌───────────────────┼───────────────────┐
        │                   │                   │
  国务院标准化行政      国务院旅游行政         地方旅游标准化法规
  主管部门(国家标       主管部门(国家文              │
  准委)标准化规章      旅部)标准化规章      地方政府旅游标准化规章
```

图1-1 旅游标准化法律法规体系

资料来源：作者自绘。

1. 国务院标准化行政主管部门的职责

（1）组织贯彻国家有关旅游标准化工作的法律、法规、方针、政策；

（2）组织制定全国旅游标准化工作规划、计划；

（3）组织制定旅游相关的国家标准；

（4）指导国务院旅游行政主管部门和省、自治区、直辖市人民政府标准化行政主管部门的旅游标准化工作，协调和处理旅游有关标准化工作问题；

（5）组织实施标准：对旅游类国家标准的实施情况进行监督检查；统一管理全国的旅游服务产品质量认证工作；统一负责对有关国际标准化组织的旅游类相关业务联系。

2. 国家标准化管理委员会（国家标准化管理局）职责

中国国家标准化管理委员会/国家标准化管理局（SAC）成立于2001年10月，现为国家市场监管总局管理的事业单位，国务院授权的履行行政管理职能、统一管理全国标准化工作的主管机构。其主要职责包括：

（1）起草、修订国家旅游标准化法律、法规的工作；拟订和贯彻执行国家标准化工作的方针、政策；拟订全国旅游标准化管理规章；组织实施旅游标准化法律、法规和规章、制度；

（2）负责制定国家旅游标准化发展规划；负责编制旅游类国家标准的制定、修订计划；

（3）负责旅游类国家标准的统一审查、批准、编号和发布；

（4）统一管理制定、修订旅游类国家标准的经费和标准研究、标准化专项经费；管理和指导与旅游标准化科技工作及有关宣传、教育、培训工作；

（5）负责协调和管理全国标准化技术委员会的有关工作；协调和指导旅游行业、地方标准化的备案工作；

（6）代表国家参加国际标准化组织（ISO）和其他国际或区域性标准化组织；负责管理国内旅游部门及各地区参与国际或区域性标准化组织活动的工作；负责签订并执行标准化国际合作协议，审批和组织实施旅游标准化国际合作与交流项目；

（7）管理全国旅游类组织机构代码、商品条码和全国旅游标准化信息工作；

（8）负责国家旅游标准的宣传、贯彻和推广工作；监督旅游类国家标准的贯彻执行；

（9）在市场监管总局统一安排和协调下，做好世界贸易组织技术性贸易壁垒协议（WTO/TBT 协议）执行中有关旅游标准的通报和咨询工作；承担国家市场监管总局交办的涉旅工作。

3. 国务院旅游行政主管部门的标准化职责

（1）贯彻国家旅游标准化工作的法律、法规、方针、政策，并制定在本部门旅游行业实施的具体办法和旅游标准化工作规划、计划；

（2）承担国家下达的草拟旅游类国家标准的任务，组织制定旅游行业标准；

（3）指导省、自治区、直辖市旅游行政主管部门的标准化工作；

（4）组织本部门、本行业实施国家及旅游行业标准；并对标准实施情况进行监督检查；

（5）经国务院标准化行政主管部门授权，分工管理本行业的产品质量认证工作。

4. 省、自治区、直辖市人民政府标准化行政主管部门的职责

（1）贯彻国家标准化工作的法律、法规、方针、政策，并制定在本地区实施具体办法；

（2）制定地方旅游标准化工作规划、计划；组织制定地方标准；

（3）指导本地区旅游行政主管部门的标准化工作，协调和处理有关标准化工作问题；

（4）在本行政区域组织实施标准；对标准实施情况进行监督检查。

5. 省、自治区、直辖市旅游行政主管部门的标准化职责

（1）贯彻国家和本部门、本行业、本行政区域标准化工作的法律、法规、方针、政策，并制定实施的具体办法；

（2）制定本行政区域内，本部门、本行业的旅游标准化工作规划、计划；

（3）承担省、自治区、直辖市人民政府下达的草拟地方标准的任务；

（4）在本行政区域内组织本部门、本行业实施标准；对标准实施情况进行监督检查。

（四）旅游标准的编制及程序

旅游标准体系的编制要遵循以下原则：

（1）全面性：标准框架体系是一个统一的整体，应覆盖旅游业全行业的各个系统，保证系统控制管理规范化进行，同时体现当今旅游业发展的最新理念和最新业态。这些标准之间协调一致，互相配套，构成一个完整全面的体系结构，基本能够反映旅游行业的现有结构和特点。

（2）系统性和层次性：体系框架应突出系统优化思想，层级定位清晰。旅游标准体系应按层级分解，由上而下，一个大范围的标准体系表涵盖若干小范围的标准体系表，结构合理，层次清晰，并具有一定的可扩展空间。通过体系标准的层级建构、合理组合和衔接配套，提高标准系统的组织程度，发挥其综合效应。

（3）动态适应和可扩充性：体系框架应是一个开放的和发展的有机整体，既立足当前国情，又关注长远发展；既符合当时的科技、经济发展现状，又要适当与国际旅游标准接轨。因此，标准体系在遵循当前国家法规、标准的基础上，应具备一定的超前性和引导性。标准体系及其子体系层级应留有一定的可扩展余地，保证体系内部秩序流畅通顺。特别是在旅游行业不断涌现新业态的情况下，我们应在旅游标准体系中体现旅游新业态的发展变化（见图1-2、图1-3）。

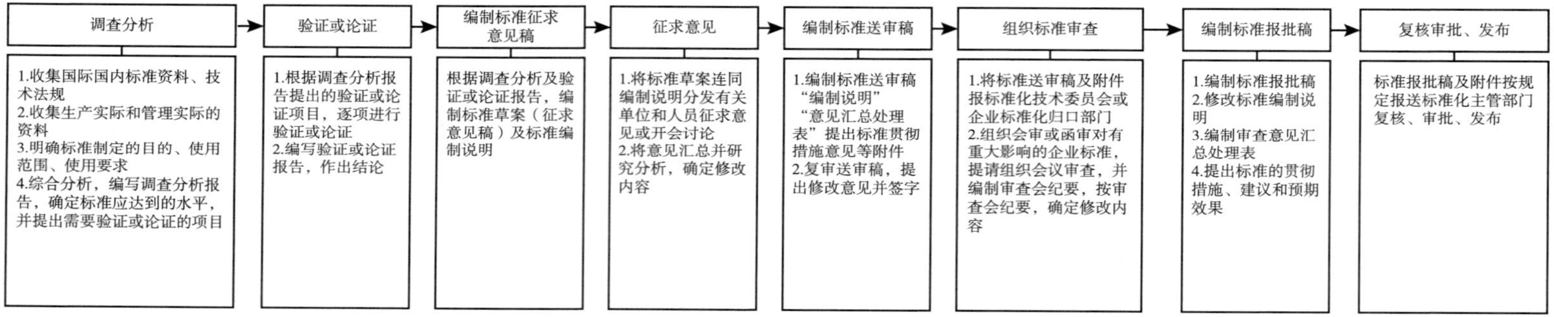

图 1-2　旅游企业标准的制定、修订程序

资料来源：作者自绘。

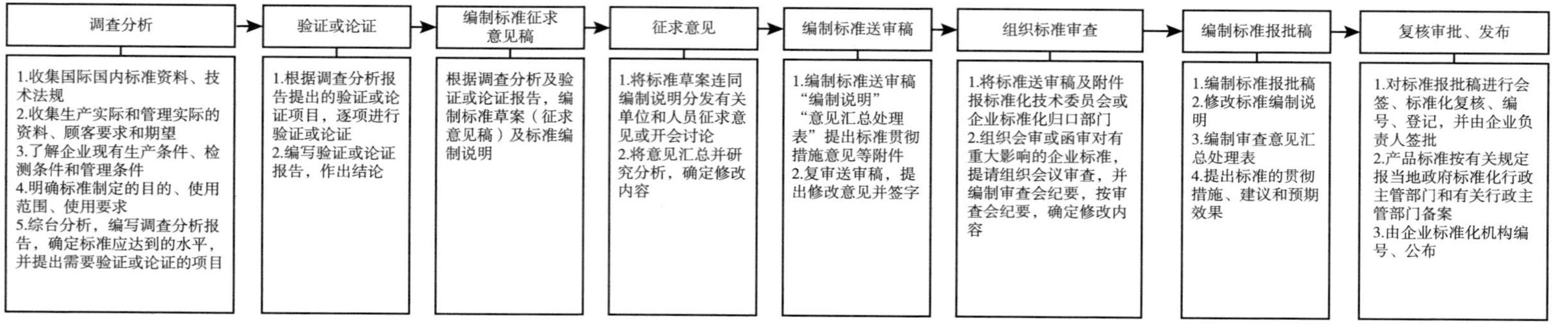

图 1-3　旅游业国家标准的制定、修订程序

资料来源：作者自绘。

第二章
中国旅游标准化的历程

一、中国旅游标准化的发展历程

(一) 启蒙阶段

从1987年国家旅游局启动《旅游涉外饭店的星级划分与评定（GB/T143081993）》(2003年第二次修订改名为《旅游饭店星级的划分与评定》)标准化建设开始，中国旅游标准化建设经历了从无到有、从零星制定标准到有完善的标准化体系的发展过程，在提高旅游行业服务质量和管理水平、增强企业竞争力、提升企业知名度、拓展旅游市场等方面取得了显著成效，对我国旅游业的发展起到了不可或缺的促进作用。

从1978年改革开放开始，出于对外汇的需求，我国开始大力发展入境旅游，入境旅游者成为我国饭店业的主要客源。由于基础设施建设的不足和我国文化传统对服务业的偏见，我国饭店业的服务设施、服务质量和管理水平低下，一度成为我国旅游业发展的制约瓶颈。为了改善、提高饭店业服务设施和服务质量，加快与国际饭店业的接轨，国家旅游局在借鉴国际经验和实践探索的基础上，1987年启动了我国旅游服务行业中第一个国家标准——《旅游涉外饭店的星级划分与评定（GB/T14308 – 1993）》的研究和制定，并于1993年发布实施，开创了我国旅游服务领域实施标准化管理的先河。

1995年，经国家标准化管理委员会批复，国家旅游局成立旅游标准化专业机构全国旅游标准化技术委员会（以下简称"全国旅标会"），主要负责旅游领域的国家标准编制和修订工作，对口国际标准化组织旅游及相关服务技术委员会（以下简称"旅游标委会"）。旅游标委会由国家标准化管理委员会委托国家旅游局负责领导和管理，委员由旅游行政管理人员、旅游专家及旅游企业的专业人员组成。

1998年，国务院在"三定"方案①中赋予国家旅游局"拟订各类旅游景区景点、度假区及旅游住宿、旅行社、旅游车船和特种旅游项目的设施标准和服

---

① 所谓"三定"方案，也就是"三定"规定，即规定单位的职能配置、内设机构和人员编制（含领导职数）。

务标准并组织实施"[1]"制定旅游从业人员的职业资格标准和等级标准并指导实施[2]"的职能国家旅游局设置质量标准处，专职负责全国旅游标准化的具体工作，同时承担全国旅游标委会秘书处的工作。

1999年，国家旅游局起草制定了《全国旅游标准化技术委员会章程》和《全国旅游标准化技术委员会秘书处工作细则》。

2019年国家文化和旅游部的最新"三定"方案中，旅游标准化工作正是归口科技教育司日常管理。

（二）规范阶段

自进入21世纪中国正式加入WTO以来，中国旅游积极与世界接轨，进一步加快了旅游标准化的进程。2000年，颁布施行了《旅游标准化工作管理暂行办法》（以下简称《办法》），该办法对旅游标准化工作的宗旨、范围、任务、管理和旅游标准的制定、审查、发布实施、监督等方面进行了具体的规定。《办法》的颁布实施，加快推动了旅游标准化工作的开展，将旅游标准化工作作为旅游行业管理的重要手段。同年，发布了《旅游业标准体系表》（以下简称《体系表》），构筑了以旅游业六要素为基础的二维旅游标准体系框架，为旅游业的进一步发展提供了科学、规范的技术支撑，是旅游标准化工作发展里程碑式的重要依据。《办法》和《体系表》的颁布对全面提高旅游服务质量和管理水平、实现旅游业科学管理起到了积极促进作用。

2003年，第三届旅游标委会换届之际，增设了旅游住宿、旅行社、旅游车船、旅游餐饮、旅游商品、旅游娱乐、旅游产品开发、旅游信息八个专家委员会。实行旅游标准立项年度计划申报制度，对建立旅游标准项目库和与国家标准化管理委员会年度立项计划工作的衔接都具有积极的意义。

2005年，国家旅游局起草制定了《全国旅游标准化2006～2010年发展规划》，提出了此后5年全国旅游标准化发展的指导思想、主要目标、任务和措施，目的是推动我国旅游标准化工作不断深入，进一步提高服务质量和产业竞争力，保护消费者权益，促进我国旅游业加快发展，为实现旅游强国的宏伟目标提供强有力的技术支撑。

---

[1] 国家旅游局质量规范与管理司职责。
[2] 国家旅游局人事劳动教育司职责。

2009年,国家旅游局编制了《全国旅游标准化发展规划(2009~2015)》,提出建立适应我国旅游业发展的旅游标准化管理体制和工作机制,并提出了建立健全旅游业基础标准、旅游业要素系统标准、旅游业支持系统标准和旅游业工作标准四大体系;建立旅游标准动态化优化、组织协同、宣传推广、监管评估四大运行机制;形成旅游标准自主创新和领域拓宽、管理体制与机制创新、旅游品牌培育和提升理论研究和体系构建四个创新突破;实现旅游行业规范度和旅游标准领域覆盖率、旅游产品和服务管理水平、旅游产业素质和地位、旅游强国建设能力和国际竞争力四个有效提升等目标,这些目标既是提升旅游业的有效手段,也是旅游标准化发展的重难点。为了更好地促进《全国旅游标准化发展规划(2009~2015)》的实施,国家旅游局同年发布了《全国旅游业标准体系表2009》,调整了2000年版体系表的二元结构,使旅游标准覆盖率更全面完善,并颁布实施了《全国旅游标准化工作管理办法》。

由于旅游业向更泛化的国民休闲业发展,2009年1月,经国家标准化管理委员会批复,成立了全国休闲标准化技术委员会(National Technical Committee on Leisure of Standardization Administration of China),主要负责传统特色休闲方式开发与保护、现代休闲创意与服务、主体休闲俱乐部服务、休闲节庆活动、休闲咨询服务等领域国家标准的制修订工作,并发布了《全国休闲标准化技术委员会章程(草案)》《休闲标准体系》《全国休闲标准化技术委员会2009~2014年工作计划(讨论稿)》。

2009年12月,国家标准化管理委员会和国家旅游局在北京共同签署了《国家旅游局和国家标准化管理委员会关于推动旅游标准化工作的战略合作协议》,以标准化为手段进一步推进旅游业的发展。协议主要包括四个方面的内容:国家标准委和国家旅游局共同组建"旅游标准化工作协调推进委员会",研究、协调、推动旅游标准化工作的有关事宜;国家标准委将把旅游业作为服务业标准化的重要领域,为旅游标准化工作提供政策、技术支持和业务指导;国家旅游局将全力支持服务业标准体系建设,在旅游行业更好地宣传贯彻相关服务业标准;双方在联合制定旅游标准化发展政策文件、推进旅游标准体系完善、建立旅游标准化人才培训制度、坚持地方开展旅游标准化试点、推动旅游标准化工作国际化和加强旅游标准化工作资金保障等重点领域深入合作。

2010年,为进一步促进全国旅游标准化工作发展,国家旅游局在全国范围内全面推进旅游标准化试点工作,并颁布了《全面推进旅游标准化试点工作实施细则》。2011年,旅游标准化试点工作已经在全国各省重点旅游城市展开,进一步促进了旅游标准化工作的普及。

2016年,国家旅游局对原《全国旅游标准化发展规划(2009~2015)》进行了修编,完成了《全国旅游标准化发展规划(2016~2020)》,该规划适应了全域旅游发展及旅游业标准化发展的新形势,对编制思路及标准体系进行了调整。

截至2018年12月31日,国家旅游局已经主持制定旅游业国家标准39项、旅游业相关国家标准4项、行业标准40项,以及全国休闲标准技术委员会主持制定休闲国家标准10项,共计93项(见表2-1)。

表2-1 已发布的旅游业国家标准和行业标准(截至2018年7月)

	旅游业国家标准	
1	GB/T17775-2003	《旅游景区质量等级的划分与评定》
2	GB/T18971-2003	《旅游规划通则》
3	GB/T18972-2003	《旅游资源分类、调查与评价》
4	GB/T10001.2-2006	《标志用公共信息图形符号 第2部分:旅游休闲符号》
5	GB/T143082010	《旅游饭店星级的划分与评定》
6	GB/T15731-2008	《内河旅游船星级的划分与评定》
7	GB/T15971-2010	《导游服务规范》
8	GB/T16766-2010	《旅游业基础术语》
9	GB/T16767-2010	《游乐园(场)安全和服务质量》
10	GB/T26353-2010	《旅游娱乐场所基础设施管理及服务规范》
11	GB/T26354-2010	《旅游信息咨询中心设置与服务规范》
12	GB/T26355-2010	《旅游景区服务指南》
13	GB/T26356-2010	《旅游购物场所服务质量要求》
14	GB/T26357-2010	《旅游饭店管理信息系统建设规范》
15	GB/T26358-2010	《旅游度假区等级划分》
16	GB/T26359-2010	《旅游客车设施与服务规范》
17	GB/T26360-2010	《旅游电子商务网站建设技术规范》
18	GB/T26361-2010	《旅游餐馆设施与服务等级划分》
19	GB/T26362-2010	《国家生态旅游示范区认定》

续表

		旅游业国家标准
20	GB/T26363－2010	《民族民俗文化旅游示范区认定》
21	GB/T26364－2010	《旅游汽车公司资质等级划分》
22	GB/T26365－2010	《游览船服务质量要求》
23	GB/T26362－2010	《国家生态旅游示范区建设与运营规范》
24	GB/T26992－2011	《主题公园服务规范》
25	GB/T30225－2013	《旅游景区数字化应用规范》
26	GB/T31172－2014	《城乡休闲服务一体化导则》
27	GB/T31382－2015	《城市旅游公共信息导向系统设置原则与要求》
28	GB/T31383－2015	《旅游景区游客中心设置与服务规范》
29	GB/T31384－2015	《旅游景区公共信息导向系统设置规范》
30	GB/T31706－2015	《山岳型旅游景区清洁服务规范》
31	GB/T31381－2015	《城市旅游集散中心等级划分与评定》
32	GB/Z32339－2015	《创意农业园区通用要求》
33	GB/Z32450－2015	《特色农业多功能开发与建设指南》
34	GB/Z32450－2015	《特色农业多功能开发与建设指南》
35	GB/T15731－2015	《内河旅游船星级的划分与评定》
36	GB/T18973－2016	《旅游厕所质量等级的划分与评定》
37	GB/T32941.1－2016	《实景演出服务规范第1部分：导则》
38	GB/T32941.3－2016	《实景演出服务规范第3部分：服务质量》
39	GB/T33539－2017	《海洋体验潜水服务规范》
		休闲国家标准
1	GB/T28101－2011	《城市公共休闲服务与管理基础术语》
2	GB/T28003－2011	《城市中央休闲区服务质量规范》
3	GB/T28102－2011	《城市公共休闲服务与管理导则》
4	GB/T28927－2012	《度假社区服务质量导则》
5	GB/T28928－2012	《社区休闲服务质量导则》
6	GB/T28929－2012	《休闲农庄服务质量规范》
7	GB/T31710.1－2015	《休闲露营地建设与服务规范第1部分：导则》
8	GB/T31710.2－2015	《休闲露营地建设与服务规范第2部分：自驾车露营地》
9	GB/T31710.3－2015	《休闲露营地建设与服务规范第3部分：帐篷露营地》
10	GB/T31710.4－2015	《休闲露营地建设与服务规范第4部分：青少年营地》

续表

	旅游业相关国家标准	
1	GB/T10001.1-2006	《标志用公共信息图形符号第1部分：通用符号》
2	GB/T1001.2-2006	《标志用公共信息图形符号第2部分：旅游休闲符号》
3	GB/T15566.8-2007	《公共信息导向系统设置原则与要求：第8部分宾馆和饭店》
4	GB/T26529-2011	《宗教活动场所和旅游场所燃香安全规范》
	旅游业行业标准	
1	LB/T005-2011	《旅行社出境旅游服务规范》
2	LB/T006-2006	《星级饭店访查规范》
3	LB/T007-2006	《绿色旅游饭店》
4	LB/T008-2011	《旅行社服务通则》
5	LB/T009-2011	《旅行社入境旅游服务规范》
6	LB/T010-2011	《城市旅游集散中心等级划分与评定》
7	LB/T011-2011	《旅游景区游客中心设置与服务规范》
8	LB/T012-2011	《城市旅游公共信息导向系统设置原则与要求》
9	LB/T013-2011	《旅游景区公共信息导向系统设置规范》
10	LB/T014-2011	《旅游景区讲解服务规范》
11	LB/T015-2011	《绿色旅游景区》
12	LB/T016-2011	《温泉企业服务质量等级划分与评定》
13	LB/T017-2011	《国际邮轮口岸旅游服务规范》
14	LB/T018-2011	《旅游饭店节能减排指引》
15	LB/T024-2013	《旅游特色街区服务质量要求》
16	LB/T023-2013	《旅游企业标准体系指南》
17	LB/T034-2014	《景区最大承载量核定工作导则》
18	LB/T028-2014	《旅行社安全规范》
19	LB/T025-2013	《风景旅游道路及其游憩服务设施要求》
20	LB/T035-2014	《绿道旅游设施与服务规范》
21	LB/T036-2014	《自行车骑行游服务规范》
22	LB/T037-2014	《旅游滑雪场质量等级划分》
23	LB/T007-2015	《绿色旅游饭店》
24	LB/T042-2015	《国家温泉旅游名镇》
25	LB/T046-2015	《温泉旅游服务质量规范》
26	LB/T045-2015	《旅游演艺服务与管理规范》
27	LB/T044-2015	《自驾游管理服务规范》

续表

		旅游业行业标准
28	LB/T043-2015	《高尔夫管理服务规范》
29	LB/T048-2016	《国家绿色旅游示范基地》
30	LB/T049-2016	《国家蓝色旅游示范基地》
31	LB/T050-2016	《国家人文旅游示范基地》
32	LB/T051-2016	《国家康养旅游示范基地》
33	LB/T054-2016	《研学旅行服务规范》
34	LB/T055-2016	《红色旅游经典景区服务规范》
35	LB/T064-2017	《文化主题旅游饭店基本要求与评价》
36	LB/T065-2017	《旅游民宿基本要求与评价》
37	LB/T066-2017	《精品旅游饭店》
38	LB/T061-2017	《自驾游目的地基础设施与公共服务指南》

资料来源：国家旅游局监督管理司：《中国旅游业国家标准和行业标准汇编》；全国休闲标准化技术委员会，部分内容进行了增补。

二、中国旅游标准化的组织实施

（一）地方层面

1. 结合国家标准与行业标准进行行业规范化管理

推行力度较大的是饭店等级划分、景区标准、旅游厕所标准、旅行社的相关标准。

2. 针对地区特点积极编制地方旅游标准

例如，1999年7月10日江苏省南京市发布了地方标准《中国南京夫子庙秦淮风光带综合服务通用要求（DB32/T292.1-1999）》和《中国南京夫子庙秦淮风光带综合服务服务质量标准、服务质量管理规范和岗位作业规范编制指南（DB32/T292.2-1999）》，标志着我国地方旅游标准化建设的起步。

2003年全国第一个省（市）级服务标准化技术委员会上海市服务标准化技术委员会成立，同年9月25日山西发布《山西省绵山风景名胜区旅游服务规范（DB14/T115-2003）》，12月31日上海市发布《农家乐旅游服务质量等级划分

（DB31/T299－2003）》，镇江市发布《镇江市旅游景区游览服务质量规范（试行）》。这些标准的发布标志着我国地方旅游标准化建设深化推进。

2003年沪、浙、苏三省市区域旅游标准一体化工作正式启动，开展了旅游标准化建设合作，形成旅游标准化建设例会制度，并于2007年发布了首个上海、浙江、江苏区域标准《旅游景区（点）道路交通指引标志设置规范》。这是我国地方旅游标准化建设和旅游业区域联合发展的重大举措，有效地推进了我国旅游业的区域合作发展，并且通过统一标识，极大地节省了人力、资本投入，增加了旅游收入。

2008年国家旅游局汇编了《旅游业地方标准（一）》，全书共收录了地方旅游类标准47项，标准化对象主要包含了民俗旅游村、旅行社等级、农家乐、餐馆等级、旅游购物点、景区建设以及一些专项如滑雪、温泉、漂流等从规范内容来看主要涉及等级的评定服务质量要求以及设施安全等。这说明我国地方旅游业已经开始根据自身的特色制定符合自身需求的旅游标准了。地方标准化建设成效较突出的是浙江、上海、北京、湖北、海南五个省市。

从我们统计的各地标准制定情况来看，全国到目前为止制定最多的地方标准是乡村旅游，包括农家乐、民俗村等特色业态，经谷歌和百度搜索"农家乐""乡村旅游""民俗旅游"等关键词，共搜索到此类标准达50余项之多，仅北京就有3项。这与我国通过旅游发展带动农村经济发展的政策导向有很大关系，也有力地促进了我国乡村旅游的发展。但无法得知是不是所有这些标准的制定、宣贯、实施、监督都很好地得以进行并取得不错的效果。但通过对《北京乡村旅游特色业态》中的采摘活动进行过暗访，发现很多从事采摘的农户根本不知道这项标准的存在，也不知道这项标准到底对他们的发展有多大作用。可见我国地方标准的制定、宣贯和实施在很大程度上还停留在政府行政指令上，缺乏实践和市场调研基础。

（二）企业层面

1. 贯彻实施国家层面的旅游行业标准
2. 构建确保日常运营的企业标准体系

企业标准是指企业制定并在企业内部应用的标准，一般在技术要求上高于上层标准，是企业的核心竞争力之一。欧美发达国家是首先在企业自行制定企业内部标准,然后将企业标准上升为国家标准甚至国际标准。与西方国家的标准化方向相反,我国因为政府主导的标准化发展模式,首先建设的是国标,企业标准化建设并未得到重视,这也与我国旅游企业弱、小、散、差,缺少话语权有关。除了一些景区零星地制定了服务规范外,其他旅游企业特别是旅行社基本没有标准,有的只是一些条例和规章制度。但规章制度的制约性功能无法代替标准化的引导功能,我国旅游企业标准化建设是我国旅游标准化建设中的薄弱环节。

三、全国旅游标准化发展规划

我国的旅游标准化始于20世纪80年代。1987年,首项旅游业国家标准《旅游涉外饭店的星级划分和评定》颁布,可视为我国旅游标准化工作正式启动的标志。1995年,我国成立了国际上第一个国家级的旅游标准化专业机构——全国旅游标准化技术委员会。2009年,原国家旅游局(现国家文化和旅游部)发布《全国旅游标准化发展规划(2009~2015)》,并对《旅游业标准体系表》进行修订完善。2016年3月,《全国旅游标准化发展规划(2016~2020)》正式发布,进一步以系统性、协调性、完整性和开放性为原则修订了《旅游业标准体系表》。

(一) 2009年版概要

2009年4月,国家旅游局印发了《全国旅游标准化发展规划(2009~2015)》(以下简称《规划》)。这是国家旅游局贯彻落实《国务院关于加快发展服务业的若干意见》和国家标准委制定的《全国服务业标准2009~2013年发展规划》,发挥标准化在旅游业发展中的引领和规范作用,提升旅游服务质量,推动旅游标准化发展的纲领性文件,是我国旅游业首次制定的旅游标准化建设规划。

《规划》提出了健全四大标准体系、建立四大运行机制、形成四个创新突破、实现四个有效提升的发展目标。即:

(1) 健全四大标准体系:建立健全旅游业基础标准、旅游业要素系统标准、旅游业支持系统标准和旅游业工作标准四大业务领域标准,形成完善的旅游业标准体系。

(2) 建立四大运行机制:建立旅游标准动态优化机制,形成科学研制、动态提升、不断优化的旅游标准制修订工作制度;建立旅游标准化组织协同机制,使旅游标准化的相关机构、各级标准、实施环节有机衔接,并促进区域之间协同发展;建立旅游标准化宣传推广机制,使旅游标准化的宣传、贯彻和实施取得更大的成效;建立旅游标准化监管评估机制,通过对旅游标准适用性评价和对评定工作有效的监督、管理,提高旅游标准化水平。

(3) 形成四个创新突破:在旅游标准自主创新和领域拓展、旅游标准化管理体制与机制创新、旅游品牌培育和质量提升、旅游标准化理论的研究与标准体系的构筑四个方面形成新的突破。

(4) 实现四个有效提升:有效提升旅游行业规范度和旅游标准领域覆盖率,有效提升旅游产品质量和管理服务水平,有效提升旅游产业素质和旅游产业地位,有效提升旅游强国建设能力和旅游国际竞争力。

我国旅游标准化工作起步较晚,目前还存在着一些不容忽视的问题。主要表现在旅游标准体系不够健全,旅游标准覆盖领域有待拓宽;旅游标准化理论研究相对滞后,部分标准质量水准有待提高;旅游标准化推行力度需要加强,运行机制有待创新;旅游标准化政策体制保障乏力,专业技术人才相对缺乏等。这些问题的解决并没有现行的经验可供参考,需要我们去探究、摸索。因此,进行旅游标准化试点工作不失为一种有效的途径。

《规划》提出,要通过大力实施旅游标准化引领战略,建立适应我国旅游业发展的旅游标准化管理体制与工作机制,形成较为完善的旅游标准体系,取得一批旅游标准化理论研究的重要成果,完成主要标准的制修订工作,扩大旅游标准领域的覆盖面,促进旅游服务质量、管理水平和产业竞争力的全面提高,形成建设世界旅游强国的技术支撑和保障体系。

《规划》确定了今后旅游标准化工作的主要任务,要完善旅游标准体系,引领规范行业发展;加大标准制修订力度,拓展标准覆盖领域;创新标准化运行机制,转变标准实施方式;实施标准化示范工程,培育优质旅游品牌;参与国际标准化工作,提升旅游国际化水平;建立标准化信息平台,提高旅游公共服务水平。并提出了加强旅游标准化组织领导、完善旅游标准化管理制度、制定旅游标准化指导政策、深化旅游标准化理论研究、加快旅游标准化人才培养共五项保障措施。

国家旅游局重新编制的《全国旅游业标准体系表》，突破了原2000年版体系表的二维模式，建立了框架较合理、分类较科学、覆盖较全面的旅游业标准体系表。新版体系表概述了修订工作的背景情况、指导思想、编制依据、主要作用、编制原则和标准体系的解释。建立了旅游业标准体系总框架和分体系框架，其中分体系框架分为旅游业基础标准、要素系统标准、支持系统标准和工作标准四个图表。对应于体系表，还列出了旅游业标准体系明细表，即旅游业已发布实施、正在制订修订、计划发展的国家标准和行业标准项目。

（二）2016年版概要

2016年4月，原国家旅游局组织编制的《全国旅游标准化发展规划（2016~2020）》（以下简称《规划》）正式公布。国家旅游局为贯彻落实国务院《关于促进旅游业改革发展的若干意见》、国务院办公厅《关于进一步促进旅游投资和消费的若干意见》、国务院办公厅《关于印发国家标准化体系建设发展规划（2016~2020年）的通知》，进一步推进旅游标准化工作，全面提升旅游标准化水平，更好地服务于经济新常态下旅游业的改革创新、转型升级和提质增效，在实施《全国旅游标准化发展规划（2009~2015）》的基础上，借鉴国际先进经验，结合我国国情，编制了新一轮《规划》。

《规划》提出，到2020年，我国旅游标准化工作的总体目标是，旅游标准化工作改革有效深化，体制机制进一步完善；支撑产业发展的旅游标准体系更加健全，标准质量水平显著提升；旅游标准实施效果明显增强，整体质量效益及其对旅游业发展的贡献大幅提升；旅游标准化发展基础更加坚实，标准创新能力和参与国际旅游标准化活动能力明显增强，我国迈入世界旅游标准强国行列。到2020年，我国旅游国家标准将达45项以上，行业标准达60项以上，地方标准达300项以上，新建200个以上全国旅游标准化试点示范单位。旅游标准覆盖领域进一步拓宽，标准体系结构明显优化，标准之间协调性有效增强，适应和支撑现代旅游业发展的标准体系更加健全。

根据《规划》，未来5年，全国旅游标准化工作的五项主要任务是深化旅游标准化改革、完善旅游标准体系、提高旅游标准质量、增强旅游标准实施效果、夯实旅游标准化基础。《规划》明确了旅游标准化改革创新工程、旅游标准优化拓展工程、旅游标准实施推广工程、旅游标准化试点示范工程、旅游标准化基础优化工程五项工作重点。规划期内，旅游业优先研究制定和发展的标准领域主要包括五个领域：旅游新产品、新业态和旅游发展新要素、新模式标准；旅游公共服务与旅游安全领域标准；旅游业节能减排和旅游环境保护领域标准；旅游市场秩序与旅游质量评价领域标准；旅游与互联网融合发展、旅游信息科技与旅游人才培养领域标准。

《规划》对原2009年版全国旅游业标准体系表进行了修订。新版体系表概述了修订工作的依据、基本原则、要点和内容，建立了旅游业标准体系总框架、分类编码和分体系框架，其中分体系框架分为旅游业基础标准、旅游产品与业态标准、旅游安全标准三个大类。对应于体系表，还列出了旅游业标准体系明细表，即旅游业已发布实施、正在制订修订、计划发展的国家标准和行业标准项目。

国家旅游局要求，各级旅游行政管理部门要根据《规划》确定的目标、任务和保障措施，抓紧制订具体工作方案，明确本地区旅游标准化工作任务，加强对旅游标准化工作的组织和领导，完善旅游标准化工作机制，做到任务到位、责任到位、措施到位。要发挥《规划》的指导作用，切实推动旅游标准化工作，加强贯彻实施规划的工作力度和督促检查，确保《规划》目标实现，推动我国旅游从"景点旅游"模式向"全域旅游"模式转变。

（三）两个版本对比

1. 编制背景环境更加复杂多变

两个《规划》分别对应着"十二五"与"十三五"两个不同的发展时期。经过"十二五"时期的快速发展，我国当时的旅游标准化工作已经不能适应日益增长的旅游发展需求，主要表现在：旅游标准整体质量有待提高，部分标准操作性不强或更新较慢，标准老化滞后现象客观存在，难以满足旅游业提质增效升级发展的需求；旅游标准体系结构不够合理，标准覆盖领域仍然不够宽广，标准之间存在一定的交叉重复矛盾，市场自主制定、快速反映需求的旅游标准不能有效供给，新兴旅游领域标准相对缺失，难以适应旅游市场经济的发展要求；旅游标准化实施推广机制不够完善，各地对旅游标准化认识水平和重视程度存在差异，参与主体不够广泛，推进协调机制不够健全，配套政策措施相对不足，标准实施效益有待提高；旅游标准化创新能力需要增强，标准化专家队伍建设及相关理论研究与标准创新相对滞后，标准化技术组织体系需进一步拓展和优化，实质性参与国际旅游标准化活动的能力和水平亟待提高。

与此同时，面向"十三五"规划发展未来，旅游业面临的新形势、新机遇、新挑战和旅游业自身发展新态势，均对旅游标准化提出了新的更高的要求。提高旅游标准化整体质量效益成为旅游业面临的重要任务，必须通过深化旅游改革，优化标准体系，完善标准管理，提升旅游标准化水平，进一步规范和引领旅游产业发展，为打造中国旅游"升级版"，建设旅游强国，促进我国经济社会发展做出更大的贡献。

2. 更加突出标准化改革工作

2016年的新一轮《规划》，明确以旅游业发展现实需求和解决标准化方面存在的问题为导向，深化旅游标准化改革，完善旅游标准体系和旅游标准化体制机制，更好地发挥标准化在推进旅游行业治理和促进旅游质量发展方面的基础性和战略性作用。

（1）创新旅游标准体系。改变由政府单一制定和供给旅游标准的格局，不再以生产要素作为旅游标准体系分类标准，而是以业态、产品（服务）供应商类型、功能类别作为分类依据，创新性地建立由政府主导制定的技术法规标准和市场自主制定的自愿性标准构成的新型旅游标准体系。

（2）改革旅游标准化管理体制。一是在旅游安全、旅游生态环境保护和旅游文化遗产保护等领域，制定必要的技术法规标准，并加强标准实施监督检查和行政执法，增强旅游标准的"硬约束"力；二是进一步优化旅游推荐性国家标准、行业标准和地方标准的体系结构，及时开展标准复审和维护更新，避免旅游标准在立项、制定过程中的交叉重复矛盾，逐步增加政府职责范围内的公益类旅游标准，增强旅游标准供给的合理性和有效性；三是鼓励具备相应能力的旅游学会、旅游协会等社会组织和旅游产业联盟协调相关市场主体，共同制定满足市场和创新需要的旅游团体标准，且不设行政许可，由社会组织和产业联盟自主制定发布，供市场自愿选用并通过市场竞争优胜劣汰；四是放开搞活旅游企业标准，建立旅游企业产品和服务标准自我声明公开和监督制度，逐步取消政府对旅游企业标准的备案管理。

（3）完善旅游标准化工作机制。充分调动和发挥各级政府与旅游主管部门、行业协会、中介组织和旅游企业等方面的积极性，大力推进旅游标准化工作，完善旅游标准化工作平台和运行机制，加强旅游标准化的宣传推广、分类实施和监督评估，形成政府引导、企业主体、社会参与、协同推进的旅游标准化工作格局，有效支撑旅游市场体系的建设。

（4）旅游标准体系更加包容有序。

2016年新修订的《全国旅游业标准体系表》进行了以下调整：

①区分自愿性标准与可能上升为技术法规的标准；

②区分基础性标准（如术语、图形符号等）与非基础性标准；

③不再以生产要素作为分类标准，而是以业态、产品（服务）供应商类型、功能类别作为分类依据；

④对于信息通信技术（ICT）在旅游业的应用和融合，如智慧旅游、旅游电子商务等标准单独分成一类；

⑤新版标准体系表中对于各旅游产品不再单独做标准，而是出现在旅游业基础术语中，以及旅游业态的标准中，鼓励产品开发的市场主体创意创新。

⑥随着旅游业的发展带动了与此相关的旅游开发规划和咨询行业，成为一个新的旅游相关行业，由于旅游规划对于旅游发展具有重要意义，引导和规范旅游开发规划和咨询市场发展具有重要意义，因此新增旅游规划和咨询类别，主要面向各类旅游规划设计公司、旅游管理咨询公司的用户；

⑦新增旅游目的地这一类别是为了将不收门票的"景区（或旅游吸引物）"从收门票的"旅游景区"中独立出来，着眼于旅游公共服务和管理，主要用户和责任主体是当地旅游相关管理部门；

⑧考虑到信息通信技术的迅猛发展，以及与旅游业全方位的深度融合，单列"旅游信息技术标准"，其中"旅游统计、信息采集"是指在现行统计框架外，通过旅游信息技术得到的行业和市场数据，旨在引导和规范利用信息技术进行旅游统计和数据采集的方法；

⑨技术法规标准是指可以通过《旅游法》等相关的法律法规的赋权，成为强制执行的标准。

四、中国旅游标准化的分类实施

中国旅游标准化的分类实施见图 2-1。

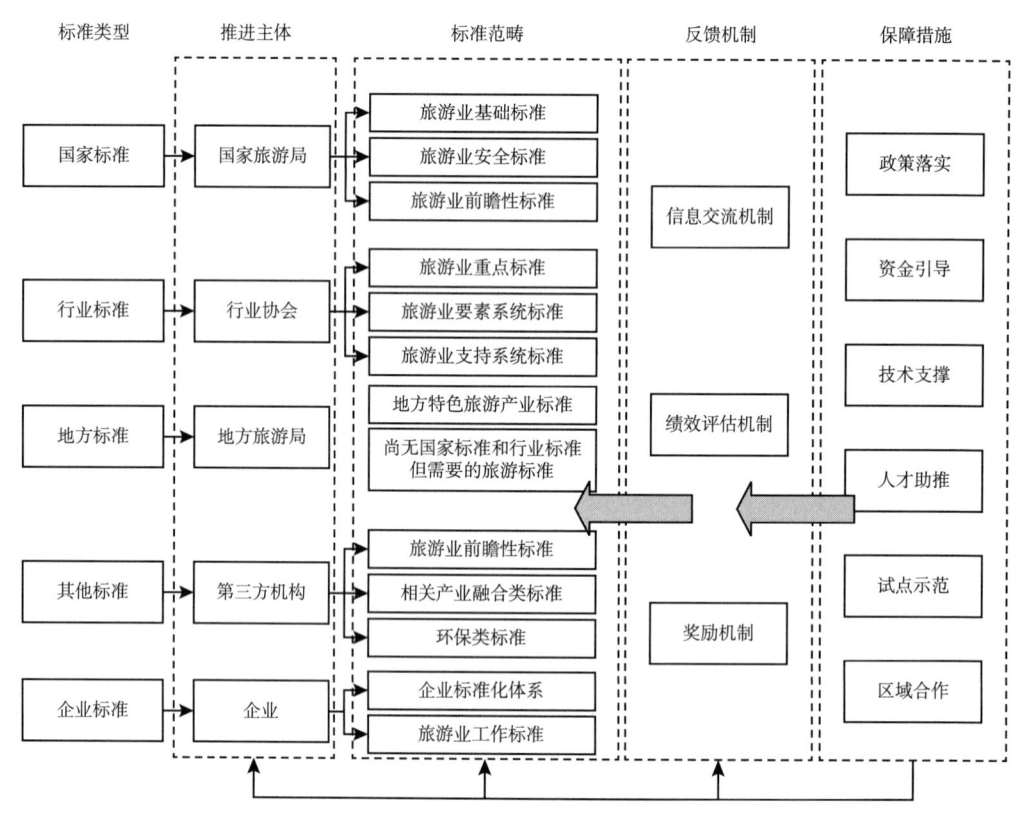

标准类型	推进主体	标准范畴	反馈机制	保障措施
国家标准	国家旅游局	旅游业基础标准 旅游业安全标准 旅游业前瞻性标准	信息交流机制	政策落实
行业标准	行业协会	旅游业重点标准 旅游业要素系统标准 旅游业支持系统标准		资金引导
地方标准	地方旅游局	地方特色旅游产业标准 尚无国家标准和行业标准但需要的旅游标准	绩效评估机制	技术支撑 人才助推
其他标准	第三方机构	旅游业前瞻性标准 相关产业融合类标准 环保类标准	奖励机制	试点示范
企业标准	企业	企业标准化体系 旅游业工作标准		区域合作

图 2-1　我国旅游业标准化分类实施路径图

资料来源：作者自绘。

五、全国旅游标准化试点地区创建

（一）旅游标准化试点创建背景

全面推进旅游标准化试点的目的，就是通过以点带面的方式，全面宣传贯彻和实施旅游业各项标准，逐步扩大旅游标准化覆盖领域，完善旅游标准体系，创新旅游标准化工作的运行机制，增强旅游市场主体的竞争力，提升旅游产业素质与旅游服务质量，为旅游业的发展提供技术支撑和基础保障，从而促进我国经济结构的调整及发展方式的转变。

一是加强现有旅游业国家标准和行业标准的实施力度，扩大其实施范围和影响力，规范和提高旅游服务质量和产品质量。

二是在试点地区建立符合当地旅游业发展特点的旅游标准化体系，提高旅游吸引力和竞争力，全面提升试点地区旅游业整体发展水平。

三是培养一批具有高水平企业标准、运作规范、管理先进、服务优质的旅游示范企业或名牌企业，引导旅游企业向标准化、品牌化的方向发展。

四是创新旅游标准实施方法和评价机制。坚持标准实施与评价相结合的原则，改进当前以政府为单一评价主体的旅游标准评价体系，探索发挥行业协会和中介组织在标准实施及评价中的积极作用。

通过国家验收之后就成为国家旅游标准化示范地区，并公示授牌。

1. 旅游标准化试点单位选择与申请

试点单位可以是旅游业发展较好或具备潜力的省、市、县（区）和旅游企事业单位（以下分别简称试点地区和试点企业）。全国旅游标准化试点地区应具备以下基本条件：

（1）地方政府高度重视旅游业发展，将旅游业作为服务业发展的龙头或支柱产业之一，积极申请参加旅游标准化试点工作，并能为试点工作提供政策及经费支持。

（2）旅游产业基础较好，具有较为完善的旅游产品体系和接待服务体系，旅游业发展具有明显的区域优势或特点。

（3）地区内的旅游企业整体上具有一定实力和竞争力，积极开展旅游标准化工作。

（4）在本地区积极宣传贯彻国家标准和行业标准，积极制定地方标准并在本地区推行标准化管理。

参与旅游标准化试点创建的试点企业应具备以下基本条件：

（1）具备独立法人资格，能够独立承担民事责任。

（2）诚信守法，企业三年内未发生重大产品（服务）质量、安全健康、环境保护等事故，未受到市级以上（含市级）相关部门的通报批评、处分。

（3）企业的市场占有率和经济效益排名位于本地区同行业前列，具有良好的发展潜力。

（4）具有一定的标准化工作基础，设立标准化管理机构并配备专兼职标准化人员，企业负责人具有较强的标准化意识。

（5）在本企业自行研发企业标准并得到有效实施，积极参与国家标准、行业标准和地方标准的制定，基本形成本企业的标准化管理体系。已通过 ISO 9001 质量体系或 ISO 14001 环境体系认证的企业可优先考虑。

试点市、县（区）和试点企业的申请由省级旅游行政管理部门负责受理。省级旅游行政管理部门应在接到申请后的 15 日内完成对申请单位提交的申请材料与第八条和第九条要求的符合性进行审核。试点省由省级旅游行政管理部门直接向国家旅游局申报。对于符合条件的申请市、县（区）和企业，由省级旅游行政管理部门汇总报国家旅游局，由国家旅游局选择确定后下达。试点省由国家旅游局直接审核确定。

2. 旅游标准化试点工作的阶段安排

按照 2010 年原国家旅游局印发的《全面推进旅游标准化试点工作实施细则》，试点期限为两年，我国首批旅游标准化试点工作分为试点启动、试点实施、自检与评估、总结推广四个阶段（见图 2-2）：

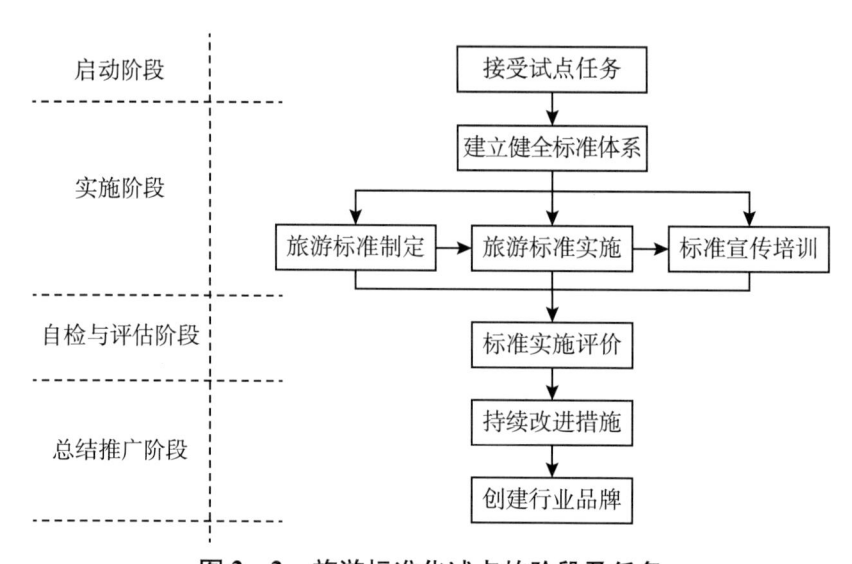

图 2-2 旅游标准化试点的阶段及任务

资料来源：作者自绘。

（1）筹备阶段：在正式启动前约半年，由各省级旅游行政管理部门负责遴选和推荐本省内拟参加下一批全国旅游标准化创建的试点单位名单，单位（地区或企业）采取自愿申报，省内筛选，国家层面遴选相结合的方式，最终确定下一批全国旅游标准化创建的试点单位名单。

（2）启动阶段：主要工作包括拟订工作方案、组建工作机构、进行总体动员等。召开创建旅游标准化示范单位启动大会，传达国家旅游局主要精神，部署试点单位整体工作。

（3）实施阶段：编制旅游标准化发展规划，构建旅游标准化体系，加强旅游标准化试点工作的宣传力度，建立健全试点工作制度完善监督检查机制，制定奖惩措施，对旅游标准化试点工作成绩突出的单位给予奖励及政策扶持，以确保旅游标准化试点工作的有效推进。

（4）自评阶段：按照试点任务书和《全国旅游标准化试点市、县（区）评估表（试行）》和《全国旅游标准化试点企业评估表（试行）》内容，组成监督检查小组专门对各试点单位进行先期评估，在此基础上，对整体试点单位的试点工作进行全面自查，发现问题，及时整改落实。自查合格后再向省旅游局、国家旅游局提出评估申请。

（5）试点后期，由国家旅游局委托全国旅游标准化技术委员会组织评估验收。

（6）推广阶段：依据国家旅游局检查评估结论开展后续工作，按照《全面推进旅游标准化试点工作实施细则》要求，巩固试点工作成果，全面推广试点工作经验，充分发挥全国旅游标准化单位的示范作用，巩固试点成果，继续把试点工作推向深入。

（二）旅游业与服务业标准化之区别

2003 年 5 月，全国服务标准化技术委员会的成立，标志着我国服务标准化工作的正式全面铺开为增强服务行业的标准化意识，推广实施服务标准及先进的服务业发展理念，培育服务品牌，促进服务业快速协调健康发展，落实国务院文件的精神，2007 年，国家标准化管理委员会联合六部委印发了《关于推进服务标准化试点工作的意见》，决定在全国范围内进一步推进服务标准化试点工作。截至 2018 年，我国已经报批的国家级试点共计 547 家，主要覆盖旅游、商贸、物流、家政服务、社保服务、行政审批、电信服务、餐饮服务、交通运输、港口服务、文化创意、人才孵化基地、美容美发等领域。

2010年5月5日国家标准化管理委员会在黄山市举行授牌仪式，黄山市正式成为全国首个"国家级旅游服务标准化示范市"。深圳市盐田区成立于1998年3月，区内有丰富的旅游资源，包括梧桐山国家森林公园、东部华侨城景区、小梅沙海洋世界、中信明思克航母世界等景区；还有大梅沙京基喜来登度假酒店、芭堤雅酒店等一批设施完善环境优美的高星级酒店。盐田区于2007年11月2日获得"国家旅游服务标准化示范区试点项目"的批准立项。2009年6月，盐田区国家旅游服务标准化示范区被正式授牌，盐田区正式成为"国家旅游服务标准化示范区"，也是全国首个获此殊荣的行政区。其建设具有自身特色的同时对其他示范区建设起到了带头作用。

从本质上看，旅游业属于服务业，自然服务业标准化包含旅游标准化，历年的服务业标准化试点中都会有旅游标准化试点，但旅游标准化则直接针对旅游业，更为聚焦和专业（见表2-2）。

表2-2　　服务标准化试点与旅游标准化试点工作比较

项目		服务标准化试点	旅游标准化试点
领导部门		国家市场监管总局	国家文化旅游部门
试点对象		企业、区域内的服务行业、园区以及区域性综合服务试点	省、市、县、企业
试点主要内容		现代物流标准化 商贸、餐饮住宿业服务标准化 旅游标准化 社区、村镇服务标准化 商务和专业服务标准化 体育服务标准化	旅游导向标识体系 旅游业基础标准 旅游业要素系统标准 旅游业支持系统标准 旅游业工作标准
试点目标与任务	目标	建立健全适合本单位需要的服务业标准体系 贯彻执行服务业国家标准、行业标准、地方标准 探索服务业标准实施的新机制	加强现有旅游业国家标准和行业标准的实施力度 在试点地区建立符合当地旅游业发展特点的旅游标准化体系 培养一批具有高水平企业标准、运作规范、管理先进、服务优质的旅游示范企业或名牌企业 创新旅游标准实施方法和评价机制

续表

项目		服务标准化试点	旅游标准化试点
试点目标与任务	任务	服务业标准的体系标准覆盖率达到80%以上 服务设施、标志、环境，服务质量、管理等全过程标准贯彻实施率达到90%以上	建立健全标准体系 组织旅游标准实施 开展标准宣传培训 开展标准实施评价 创建行业品牌
试点选择与申请		自愿申报，省级标准化主管部门会同省级相关主管部门确定后，报国家标准化管理委员会和行业主管部门备案	各省级旅游行政管理部门推荐本地区候选试点单位，国家旅游局从各地上报的候选单位中统筹选择
试点评估	评估主体	省级标准化主管部门会同有关行业主管部门	国家文旅部委托全国旅游标准化技术委员会或地方文旅部门
	人员构成	有关方面专家和管理人员（3~5人）	旅游业及标准化专家和管理人员（3~6人）
	评估方式	现场考核评估	现场考核评估
	评估程序	提出申请、组织成立评估组、现场考核评估、提交评估报告、合格的授予证书及公示	评估提出申请、组织成立评估组、现场考核评估、提交评估报告、通过验收者授予合格证书及公示

资料来源：根据《旅游标准化理论研究与实践》一书及相关资料整理。

（三）第一批创建（2010~2012年）

经过历时两年的创建及验收，2012年3月31日，原国家旅游局监督管理司正式发布《关于确定首批"全国旅游标准化示范单位"的通知》，通知称：经研究，确定四川省为全国旅游标准化示范省，青岛市等10个城市（区、县）为全国旅游标准化示范城市（区、县），中国国际旅行社总社有限公司等57家企业为全国旅游标准化示范单位（见表2-3）。

表 2-3　首批全国旅游标准化示范单位名单（2012 年）

示范类别	示范名录
示范省（1 个）	四川省
示范城市（4 个）	青岛市、苏州市、咸宁市、丽江市
示范区（1 个）	上海徐汇区
示范县（5 个）	北京延庆县、浙江遂昌县、江西婺源县、河南淮阳县、广西阳朔县
示范单位（58 家）	北京（4）：中国国际旅行社总社有限公司、中青旅控股股份有限公司、北京市天坛公园管理处、北京市昌平区十三陵特区办事处
	河北（3）：秦皇岛南戴河旅游发展集团公司、秦皇岛晨砻酒店有限公司、秦皇岛北戴河集发农业综合开发股份有限公司
	内蒙古（1）：内蒙古饭店有限责任公司
	辽宁（2）：沈阳市海外国际旅行社有限公司、大连海昌旅游集团有限公司
	吉林（2）：吉林省长白山开发建设（集团）有限责任公司、长春净月旅游集团
	黑龙江（2）：哈尔滨市太阳岛风景区资产经营有限公司、汤旺河旅游公司
	上海（2）：锦江国际（集团）有限公司、上海春秋国际旅行社有限公司
	山东（3）：济南市舜耕山庄集团、微山湖湿地集团有限公司、威海市刘公岛管理委员会
	江苏（2）：常州中华恐龙园有限公司、扬州市新世纪大酒店有限责任公司
	浙江（3）：浙江旅游职业学院、浙江海中洲旅业有限公司、浙江横店影视城有限公司
	安徽（2）：黄山旅游发展股份有限公司、安徽徽商齐云山庄有限公司
	江西（1）：江西宾馆
	福建（1）：厦门京闽酒店管理有限公司
	河南（4）：河南嵖岈山旅游实业发展有限公司、淮阳县太昊陵管理处、河南省八里沟景区有限公司、修武县云台山风景名胜区管理局
	湖北（3）：黄麻起义和鄂豫皖苏区革命烈士陵园管理处、湖北汤池温泉旅游有限责任公司、湖北长江轮船海外旅游总公司
	湖南（2）：湖南省中青旅国际旅行社有限公司、华天实业控股集团有限公司

续表

示范类别	示范名录
示范单位（58家）	广东（4）：广州广之旅国际旅行社股份有限公司、深圳华侨城控股股份有限公司、广州市白云山风景名胜区管理局、港中旅（珠海）海洋温泉有限公司
	广西（1）：桂林乐满地旅游开发有限公司
	海南（2）：海南上航假期国际旅行社有限公司、海南宝华海景大酒店管理有限公司
	重庆（2）：重庆金科大酒店有限公司、武隆县芙蓉江旅游开发有限责任公司
	云南（3）：丽江玉龙雪山省级旅游开发区管理委员会、石林风景名胜区管理局、云南民族村有限责任公司
	贵州（1）：贵州黄果树旅游集团股份有限公司
	四川（2）：九寨沟风景名胜区管理局、峨眉山·乐山大佛风景名胜区管理委员会
	陕西（2）：陕西华清池旅游有限责任公司、华山风景名胜区管理委员会
	甘肃（1）：国家重点风景名胜区崆峒山管理局
	宁夏（2）：宁夏中卫沙坡头旅游有限公司、宁夏虹桥大酒店有限公司
	新疆（1）：新疆天池管理委员会

注：第一批示范单位第一名为山东省青岛市。
资料来源：根据《旅游标准化理论研究与实践》一书及相关资料整理。

（四）第二批创建（2012～2014年）

国家旅游局监督管理司2012年4月1日发布《关于印发第二批全面推进旅游标准化试点单位名单的通知》，该通知根据各省级旅游行政管理部门的推荐，经国家旅游局遴选，确定了第二批全面推进旅游标准化试点城市、试点县（区）和试点企业，并提出了推进第二批旅游标准化试点的具体要求：

（1）省级旅游行政管理部门要按照国家旅游局关于全面推进旅游标准化试点工作的部署和要求，负责本地区试点的组织实施和总体协调工作，并做好督促和指导工作，及时向国家旅游局报送试点工作情况简报。

（2）试点单位应根据《全面推进旅游标准化试点工作实施细则》的要求，

成立试点工作领导机构，明确目标、分解任务，结合本地区、本企业特点研究标准化试点的具体工作内容，制订和细化实施方案，稳步推进试点工作。

（3）试点单位认真填写《旅游标准化试点任务书》，经省级旅游行政管理部门同意盖章后，于2012年4月16日前报送至国家旅游局监督管理司标准化处。

（4）各试点单位设立信息员一名，信息员应及时收集、整理旅游标准化试点工作信息并发布在信息交流平台上，信息的数量和质量将作为试点工作考核评估的重要依据。

通过历时两年的创建及验收，2014年8月国家旅游局发布《关于确定第二批"全国旅游标准化示范单位"的通知》称，自国家旅游局2012年开展第二批全面推进旅游标准化试点工作以来，成效良好，经2014年4月终期验收，26家试点地区和27家试点企业达到了工作标准的基本要求和全面推进旅游标准化试点工作的预期目标。经研究确定武汉市等26个城市（区、县）为全国旅游标准化示范城市（区、县），首旅建国酒店管理有限公司等27家企业为第二批全国旅游标准化示范单位。"全国旅游标准化示范单位"名称有效期为两年，国家旅游局将委托省级旅游部门对示范单位每年进行一次审核，委托全国旅游标准化技术委员会组织专家每两年组织一次复核，复核之后继续发牌（见表2-4）。

表2-4　　第二批全面推进旅游标准化示范单位名单（2014年）

示范类别	示范名录
示范城市（18个）	副省级市（2个）：武汉市、成都市
	地级市（10个）：河北承德市、黑龙江大庆市、浙江绍兴市、山东威海市、河南洛阳市、湖南张家界市、海南海口市、甘肃嘉峪关市、宁夏中卫市、新疆克拉玛依市
	县级市（6个）：江苏江阴市、福建武夷山市、湖北赤壁市、广东增城市、四川都江堰市、贵州赤水市
示范区（2个）	上海市宝山区、江苏省苏州工业园
示范县（8个）	平遥县、抚松县、淳安县、星子县、沂水县、西峡县、新宁县、腾冲县

续表

示范类别	示范名录
示范企业（20个）	北京（5）：首旅建国酒店管理有限公司、中国旅行社总社有限公司、海航旅业控股（集团）有限公司、北京八达岭特区办事处、北京市颐和园管理处
	上海（2）：携程旅行网、上海野生动物园
	辽宁（1）：沈阳黎明国际酒店有限公司
	江苏（1）：连云港花果山景区管理处
	浙江（2）：浙江开元酒店投资管理集团有限公司、杭州西溪湿地国家湿地公园
	安徽（1）：安徽天柱山旅游发展有限公司
	福建（1）：福建省康辉国际旅行社股份有限公司
	重庆（1）：重庆长江黄金邮轮有限公司
	四川（1）：成都市温江区国色天乡景区
	贵州（1）：遵义红色旅游集团
	云南（1）：大理崇圣寺三塔文化旅游区
	山东（1）：山东蓝海酒店集团
	广东（1）：广东省中国旅行社股份有限公司
	陕西（1）：陕西商南县金丝峡旅游区

注：第二批示范单位第一名为湖北省武汉市。
资料来源：根据《旅游标准化理论研究与实践》一书及相关资料整理。

（五）第三批创建（2014～2016年）

经过历时两年的创建及验收，2016年9月，国家旅游局办公室发布《关于确定第三批"全国旅游标准化示范单位"的通知》（以下简称《通知》）。《通知》确定合肥市等19个城市（区、县）为全国旅游标准化示范城市（区、县），全国30家企业为第三批全国旅游标准化示范单位。并希望各示范单位再接再厉，将标准化工作作为推进各项工作的重要抓手，不断提高旅游标准化工作水平，创新工作方式方法，强化责任感和使命感，充分发挥示范带动作用，为提高全国旅游标准化工作水平、把我国建设成为世界旅游强国做出应有的贡献（见表2-5）。

表 2-5　第三批全面推进旅游标准化示范单位名单（2016 年）

示范类别	示范名录
试点城市（9 个）	地级市（7）：安徽合肥市、河南开封市、湖北鄂州市、四川广元市、青海西宁市、宁夏石嘴山市、海南三亚市
	县级市（2）：江苏大丰市、甘肃敦煌市
试点县/区（10 个）	山西阳城县、内蒙古鄂尔多斯市东胜区、黑龙江饶河县、浙江安吉县、福建泰宁县、山东沂南县、河南新县、广西三江侗族自治县、贵州湄潭县、云南普洱市思茅区
试点企业（30 个）	北京（2）：北京凯撒国际旅行社有限责任公司、北京中塔有限责任公司
	河北（2）：秦皇岛市海燕国际旅行社有限公司、唐山市丰南运河唐人街景区管理有限公司
	内蒙古（1）：赤峰国际旅行社有限公司
	辽宁（1）：辽宁抚顺丰远集团有限公司
	吉林（1）：长春市伪满皇宫博物院
	黑龙江（1）：黑龙江天马国际旅行社有限公司
	上海（2）：上海中华艺术宫、上海国际旅行社有限公司
	江苏（1）：南京途牛网
	浙江（1）：仙居县神仙居景区
	安徽（1）：皖南古村落—西递宏村
	福建（1）：厦门日月谷温泉度假村
	江西（1）：景德镇古窑民俗博览区
	山东（2）：烟台市蓬莱阁管理处、枣庄市台儿庄古城旅游发展有限公司
	河南（1）：洛阳龙门旅游集团有限公司
	湖南（2）：岳阳楼—君山岛旅游区、湖南海外旅游有限公司
	广东（2）：广州塔旅游文化发展股份有限公司、韶关市丹霞山旅游投资经营有限公司
	海南（2）：三亚维景国际度假酒店、三亚天涯海角游览区
	重庆（1）：重庆融汇温泉产业发展有限公司
	四川（2）：四川黄龙国家级风景名胜区管理局、四川锦江宾馆有限责任公司

续表

示范类别	示范名录
试点企业（30个）	陕西（1）：中国旅行社总社西北有限公司
	青海（1）：青海宾馆旅游集团有限公司
	新疆（1）：喀什地区泽普县金胡杨景区

注：第三批示范单位第一名为海南省三亚市。
资料来源：根据《旅游标准化理论研究与实践》一书及相关资料整理。

（六）第四批创建（2018~2020年）

为进一步发挥旅游标准化工作在全域旅游建设中的技术支撑作用，推动各地通过标准化手段规范全球旅游建设提高旅游服务质量、提升旅游产业发展水平，国家旅游局印发《国家旅游局办公室关于开展第四批全国旅游标准化试点示范工作的通知》。根据各省级旅游行政管理部门推荐，经国家旅游局遴选，确定了第四批全国旅游标准化试点单位。并要求省级旅游行政管理部门要按照国家旅游局关于全面推进旅游标准化试点工作部署和《全国旅游标准化试点地区工作标准》（以下简称《工作标准》）要求，负责本地区试点的组织实施和总体协调工作，做好督促和指导，帮助试点单位解决试点工作中的实际问题，给予一定的政策资金支持倾斜并及时总结试点工作中的好经验、好做法，报送国家旅游局。

第四批旅游标准化创建与以往三批旅游标准化创建的明显不同在于：

（1）以一个完整行政地区作为旅游标准化创建主体，这充分体现了与全域旅游创建要求的对接；

（2）且在《工作标准》方面，也列出了现有的45项与旅游相关的国家/行业标准，其中20项必选标准，25项自选标准（结合地方实际情况自选），要求覆盖15类旅游业态，这充分体现了通过旅游标准化创建推动"旅游+"产业融合的与时俱进新特点（见表2-6）。

表2-6 第四批全国旅游标准化试点地区名单（2018~2020年）

所在省份	试点地区名单
河北（1）	秦皇岛市

续表

所在省份	试点地区名单
山西（1）	长治市壶关县
辽宁（1）	盘锦市
吉林（1）	通化市集安市
黑龙江（1）	大庆市杜尔伯特蒙古族自治县
上海（1）	上海市松江区
江苏（2）	扬州市、南京市秦淮区
浙江（2）	嘉兴市嘉善县、湖州市
安徽（1）	黄山市县
福建（1）	三明市尤溪县
江西（2）	上饶市、古安市青原区
山东（2）	临沂市、德州市齐河县
河南（1）	郑州市登封市
湖北（1）	襄阳市
湖南（1）	郴州市北湖区
广东（1）	惠州市龙县
广西（1）	桂林市兴安县
海南（1）	陵水黎族自治县
四川（1）	巴中市
贵州（2）	毕节市百里杜鹃管理区、铜仁市万山区
西藏（1）	拉萨市
陕西（1）	渭南市华阴市
甘肃（1）	张掖市
宁夏（1）	固原市
新疆（1）	巴音郭楞蒙古自治州博湖县
新疆兵团（1）	五家渠青湖经济开发区101团

资料来源：根据《旅游标准化理论研究与实践》一书及相关资料整理。

第三章
旅游标准化的方法工具

一、旅游标准化综合管理云平台

关于旅游标准化综合管理云平台,本部分将以武汉市和三亚市为例进行具体分析。

自 2013 年武汉市获批成为全国第二批旅游标准化试点城市以来,武汉市致力于将旅游标准化与信息化相融合,经过两年多的努力,成功研发了全国首个支持多部门、涵盖全流程、覆盖多个行业的信息平台。原国家旅游局对该平台给予了高度的评价。由于该平台可以由旅游标准化试点企业向非试点企业推广,武汉市旅游标准化工作的信息化水平已经走在全国前列。

该平台由动态测评、知识库、标准库、导向标识、案例库等模块组成,通过电子地图以及搜索引擎等信息技术手段有效解决了试点企业基础薄弱、问题诊断不明确、信息上报不及时、协调难度大等关键难题。

在六年的时间内该平台完成了三次功能升级,目前已经覆盖全国 7 个省和 12 个市,持续为全国旅游标准化试点创建(三批次)及后期旅游标准化推进服务。截至今日,平台已经上线超过 1 000 家旅游相关企业,成为中国目前数据量最丰富的旅游标准化大数据中心。

(一)旅游标准化综合管理云平台建设的必要性

1. 旅游标准化实施中的多方困惑

(1)企业。

①行业标准理解不透;

②企业标准难以制定;

③国家标准实施难以到位。

(2)专家。

①专家人数有限,咨询工作量巨大;

②企业分散,标准化基础参差不齐;

③如何在短时间内高效完成辅导咨询?

(3)政府。

①如何有效引导企业实施标准化？

②企业上报不及时，工作存在盲目性；

③如何统一监控企业的标准化创建动态？

2. 云平台在旅游标准化中的作用

（1）在线创建：实现对试点企业的在线测评、在线评估与反馈、在线监管，通过大数据监测整个标准化创建全过程。

（2）全程监控：实现统一计划，评价监督，控制管理使整个创建过程得以透明。

（3）精细评价：全面精细的评价体系，使得旅游标准化能得以高效可靠的实施。

（4）高效低碳：测评全程实现无纸化，高效更环保。

3. 旅游标准化工作需要信息化革命

（1）企业。

有效利用云平台提供的知识库与咨询服务，解决过去旅游标准化创建中学习难、培训难、工作推进慢等难题。

（2）专家。

打破过去咨询、培训服务范围小、本地化的局限，将服务范围扩大至全市及市外，可以实现全天候持续在线辅导。

（3）政府。

通过平台将标准化建设中资料统计、收集与标准化建设、培训、咨询数据进行统一管理，可以更好地全面监管，实时把握创建动态。

显而易见的是，通过旅游标准化信息管理云平台的建设，最终实现了"工作信息共享，多方资源整合，政企无缝对接，工作持续改进"的效果。

（二）旅游标准化管理云平台功能介绍

1. 平台系统技术选择的先进性与灵活开放性

采用业内先进和成熟的 J2EE 开源开发框架和服务部署架构，满足系统未来升级到省级云平台及向全国推广，满足未来用户数量增加、信息云平台的运行稳定性和服务器快速扩容的需求（见图 3–1）。

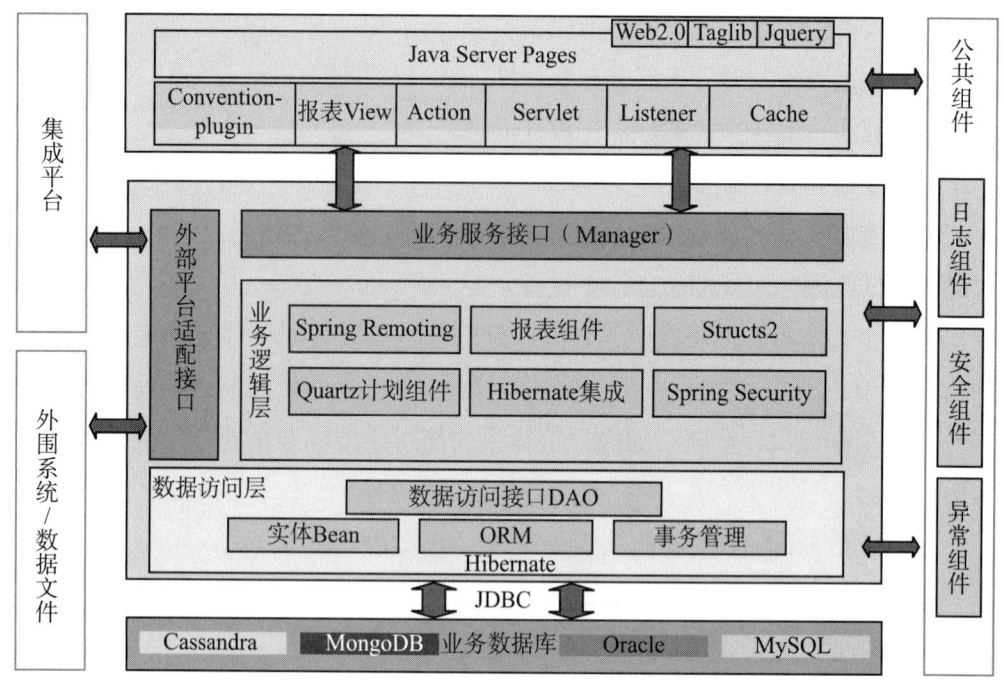

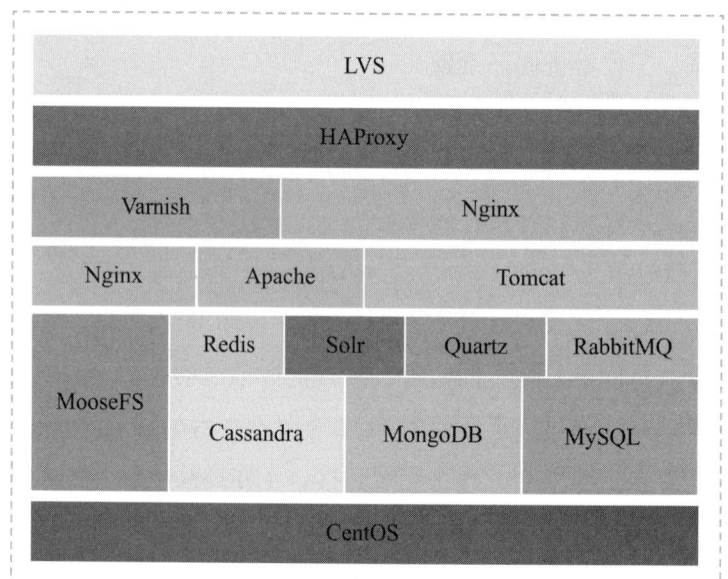

图 3-1　平台设计的技术逻辑架构

资料来源：作者根据内部工作平台整理。

2. 平台采用面向未来的主流云应用部署架构

采用先进的大数据云计算相关技术，以升级至集群部署和分布式存储，根据 PV 量动态负载，满足测评过程中信息云平台的高可靠性和高可用性（见图 3-2）。

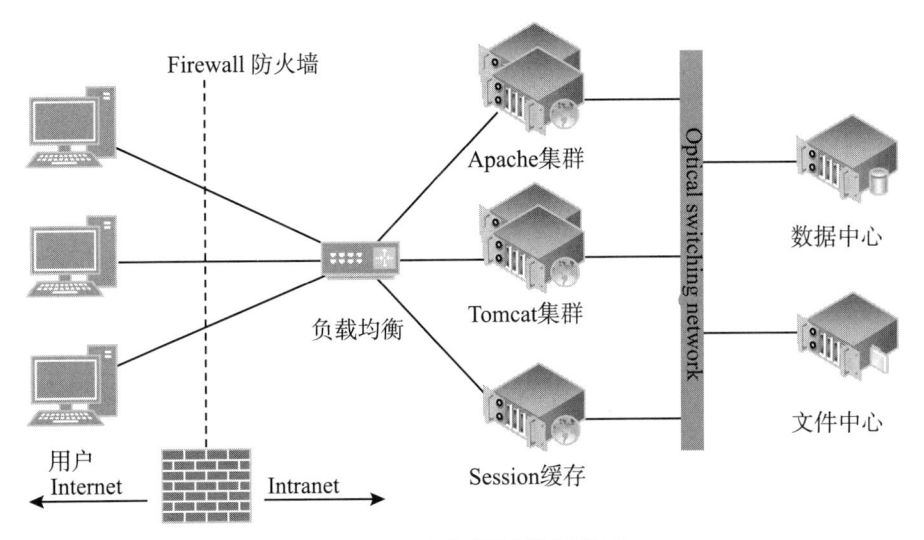

图 3-2　平台部署的拓扑图

资料来源：作者根据内部工作平台整理。

3. 平台设计了创建行为与验收指标的关联

根据指标体系和创建工作评估项，关联耦合程度灵活的试题和证明材料关系模型，将证明材料与材料类型明确定义，使系统达到（见图3-3）：

（1）具有客观、精准的智能测评算法模型。

（2）能灵活应对试点地区、行业、企业旅游标准化评估工作。

（3）能帮助企业快速清晰理解各个评估项的内涵，提升企业服务质量。

（4）能适应主管部门的标准化评估工作变化。

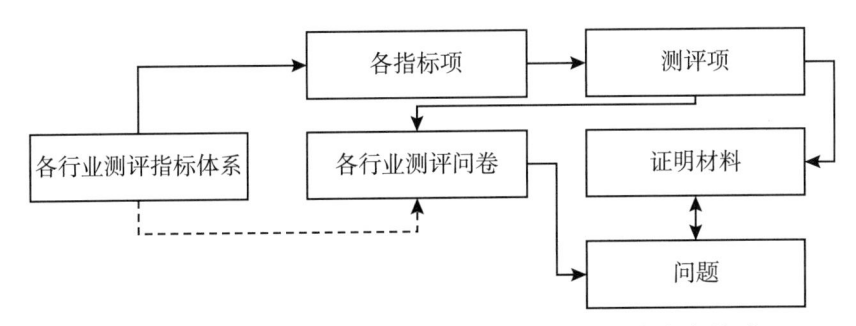

图 3-3　试点企业创建行为与评估验收指标的内在关联

资料来源：作者自绘。

4. 综合管理云平台优化了多用户操作体验

现有的平台在经过武汉、三亚旅游标准化创建实践检验的基础上进行平台功能升级，进一步优化了企业、专家及政府多类用户操作界面，简化测评操作。

（1）灵活创建企业、政府、专家、管理员等多用户角色，系统功能模块可灵活支持多行业类别、多角色的用户配置。

（2）简化整个测评流程，企业、专家、政府用户更明确需要完成的操作。

（3）简化用户答题和上传证明材料操作，用户只需在一个页面内从上至下顺序操作。

（4）相同的证明材料无须重复上传，并支持在线打开查看文档内容。

（5）每个上传的证明材料都有是否通过内容审查的状态提示。

（6）试点企业测评状态和进度独立控制，企业可多次完善证明材料，以帮助企业持续提升标准化水平（见图3-4）。

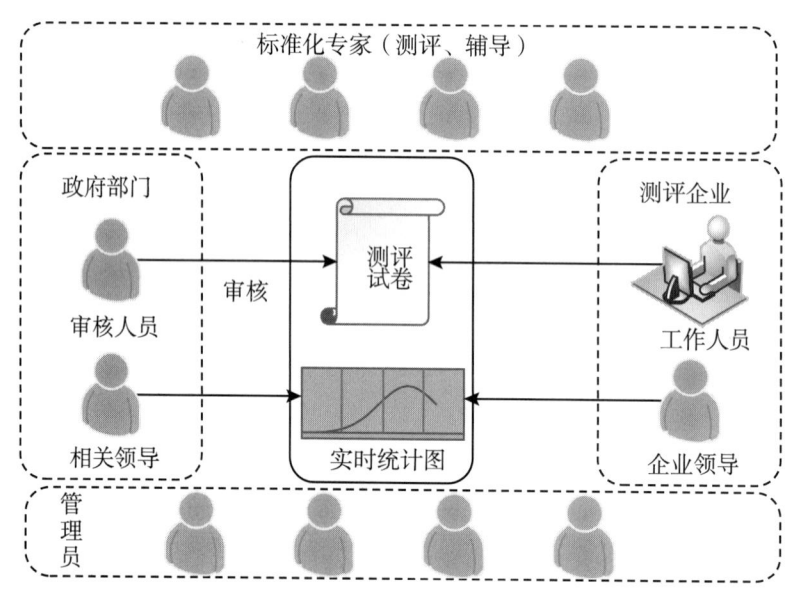

图3-4 多用户角色分配与协同工作

资料来源：作者自绘。

（三）旅游标准化管理云平台模块介绍

1. 平台的多级行政区块和多级权限管理模块

满足标准化综合管理云平台推广至全域及全省的用户使用（见图3-5）。

		登录账号	姓名	❶ 企业名称
		~	~	=
2	☐	hzgjyth	▓▓▓▓▓旅游有限公司	▓▓▓▓▓旅游
3	☐	gjgwzx	▓▓▓购物中心投资有限公司	▓▓▓购物中心投资有限公司
4	☐	xywqsy	▓▓▓实业有限公司	▓▓▓温泉旅游度假区
5	☐	mlzgdjy	▓▓▓大剧院	▓▓▓文化传播有限责任公司
6	☐	alfbhly	▓▓▓滨海乐园	▓▓▓滨海乐园
7	☐	ylwhdsj	▓▓▓旅游有限公司	▓▓▓旅游有限公司
8	☐	tjwsd	▓▓▓度假公寓	▓▓▓公寓
9	☐	gjmsc	▓▓▓免税城	▓▓▓免税城
10	☐	hlgcygl	▓▓▓餐饮管理有限公司	▓▓▓美食城
11	☐	shygcy	▓▓▓餐饮有限公司	▓▓▓餐饮有限公司
12	☐	hylcyhs	▓▓▓餐饮会所	▓▓▓餐饮会所
13	☐	nswhlyq	▓▓▓风景区	▓▓▓文化旅游区

图 3－5　综合管理云平台用户配置界面

资料来源：作者根据内部工作平台整理。

2．平台的旅游标准库、知识库、案例库模块

平台提供完善的信息模块数据管理和维护后台，包括旅游导向标识、标准化百问百答、标准化丛书、标准化文献、示范企业案例库、问卷调查，支持数据的增删改查功能，方便管理员对数据的维护工作（见图 3－6）。

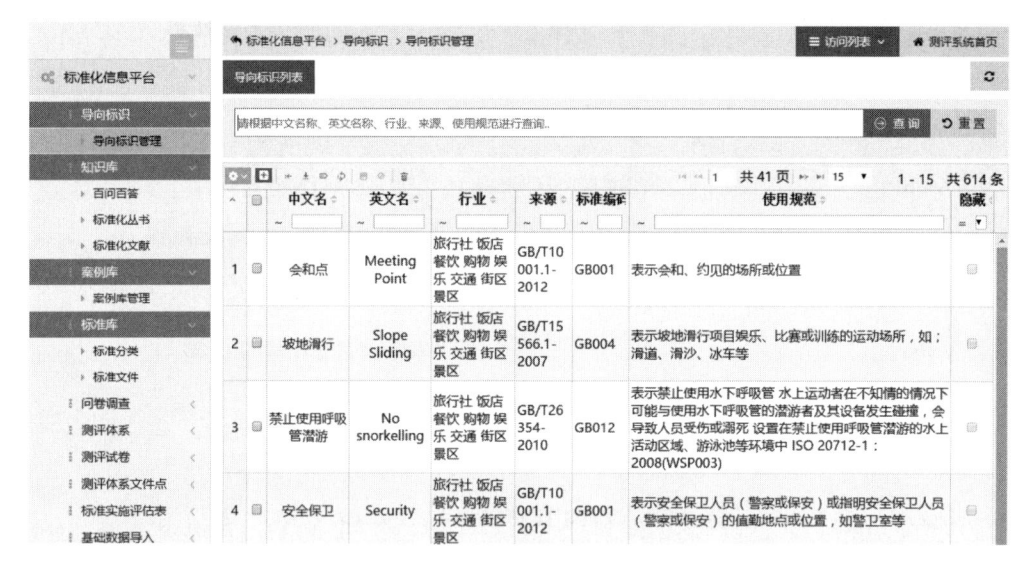

图 3-6　综合管理云平台知识库/案例库

资料来源：采集自本书团队研发的"旅游标准化信息平台"。

3. 旅游标准化创建动态测评与痕迹管理模块

平台实现了旅游标准化评估指标体系、指标项、评估项、测评答题项、试点创建痕迹证明材料项的在线编辑功能和题库、答卷管理功能（见图3-7）。

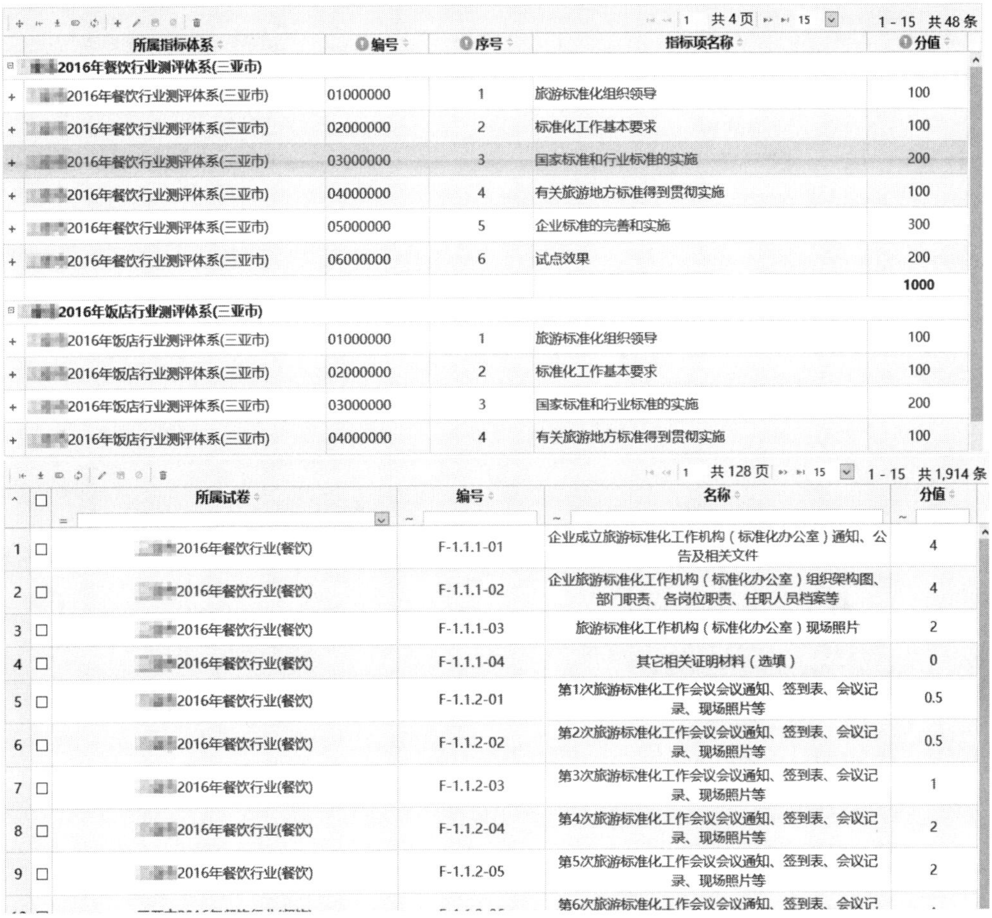

1　共4页　15　1-15　共48条

所属指标体系	编号	序号	指标项名称	分值
2016年餐饮行业测评体系(三亚市)				
2016年餐饮行业测评体系(三亚市)	01000000	1	旅游标准化组织领导	100
2016年餐饮行业测评体系(三亚市)	02000000	2	标准化工作基本要求	100
2016年餐饮行业测评体系(三亚市)	03000000	3	国家标准和行业标准的实施	200
2016年餐饮行业测评体系(三亚市)	04000000	4	有关旅游地方标准得到贯彻实施	100
2016年餐饮行业测评体系(三亚市)	05000000	5	企业标准的完善和实施	300
2016年餐饮行业测评体系(三亚市)	06000000	6	试点效果	200
				1000
2016年饭店行业测评体系(三亚市)				
2016年饭店行业测评体系(三亚市)	01000000	1	旅游标准化组织领导	100
2016年饭店行业测评体系(三亚市)	02000000	2	标准化工作基本要求	100
2016年饭店行业测评体系(三亚市)	03000000	3	国家标准和行业标准的实施	200
2016年饭店行业测评体系(三亚市)	04000000	4	有关旅游地方标准得到贯彻实施	100

1　共128页　15　1-15　共1,914条

	所属试卷	编号	名称	分值
1	2016年餐饮行业(餐饮)	F-1.1.1-01	企业成立旅游标准化工作机构（标准化办公室）通知、公告及相关文件	4
2	2016年餐饮行业(餐饮)	F-1.1.1-02	企业旅游标准化工作机构（标准化办公室）组织架构图、部门职责、各岗位职责、任职人员档案等	4
3	2016年餐饮行业(餐饮)	F-1.1.1-03	旅游标准化工作机构（标准化办公室）现场照片	2
4	2016年餐饮行业(餐饮)	F-1.1.1-04	其它相关证明材料（选填）	0
5	2016年餐饮行业(餐饮)	F-1.1.2-01	第1次旅游标准化工作会议会议通知、签到表、会议记录、现场照片等	0.5
6	2016年餐饮行业(餐饮)	F-1.1.2-02	第2次旅游标准化工作会议会议通知、签到表、会议记录、现场照片等	0.5
7	2016年餐饮行业(餐饮)	F-1.1.2-03	第3次旅游标准化工作会议会议通知、签到表、会议记录、现场照片等	1
8	2016年餐饮行业(餐饮)	F-1.1.2-04	第4次旅游标准化工作会议会议通知、签到表、会议记录、现场照片等	2
9	2016年餐饮行业(餐饮)	F-1.1.2-05	第5次旅游标准化工作会议会议通知、签到表、会议记录、现场照片等	2
			第6次旅游标准化工作会议会议通知、签到表、会议记	

图3－7　地区测评系统数据管理界面

资料来源：作者根据内部工作平台整理。

4. 试点企业创建材料审查、统计和导出模块

平台设计了试点企业创建证明材料专家审查员角色，可在线查看证明材料的内容，辅导专家可明确提示用户上传的证明材料是否能够通过，提高工作效率，并可实现试点企业上传的证明材料审查、统计和导出汇总功能。

试点企业可查看和导出本企业的企业自评、智能测评、专家测评和政府审核得分及企业详细的答题信息（见图3－8）。

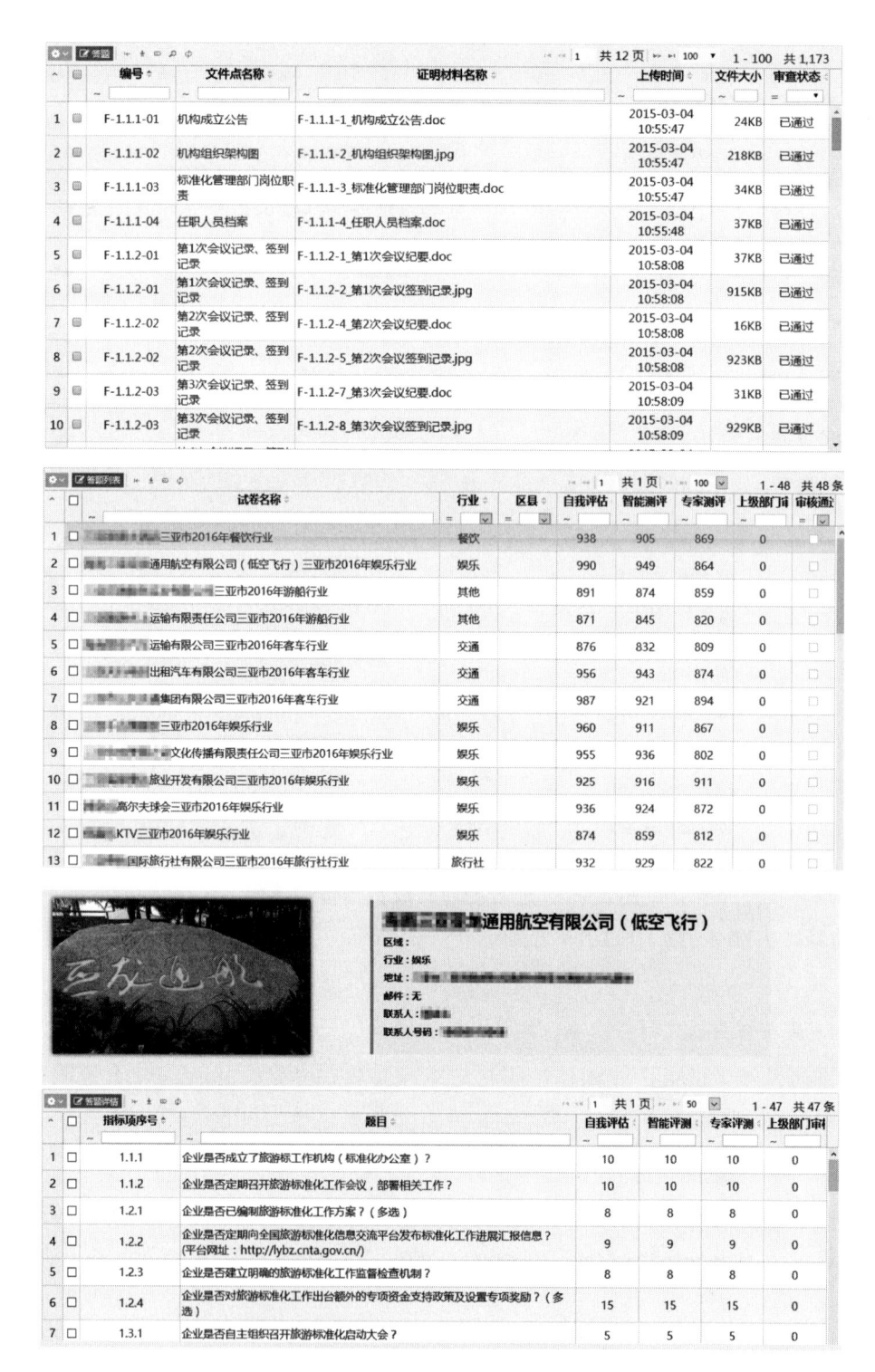

图3-8 综合管理云平台答题界面

资料来源：作者根据内部工作平台整理。

(四) 旅游标准化管理云平台其他辅助功能

1. 系统用户在线求助功能

用户在线提问，系统根据问题属性将问题分配至后台人员，标准化专业的相关问题分配给相应的专家解答，系统使用的相关问题由管理员直接回答（见图3-9）。

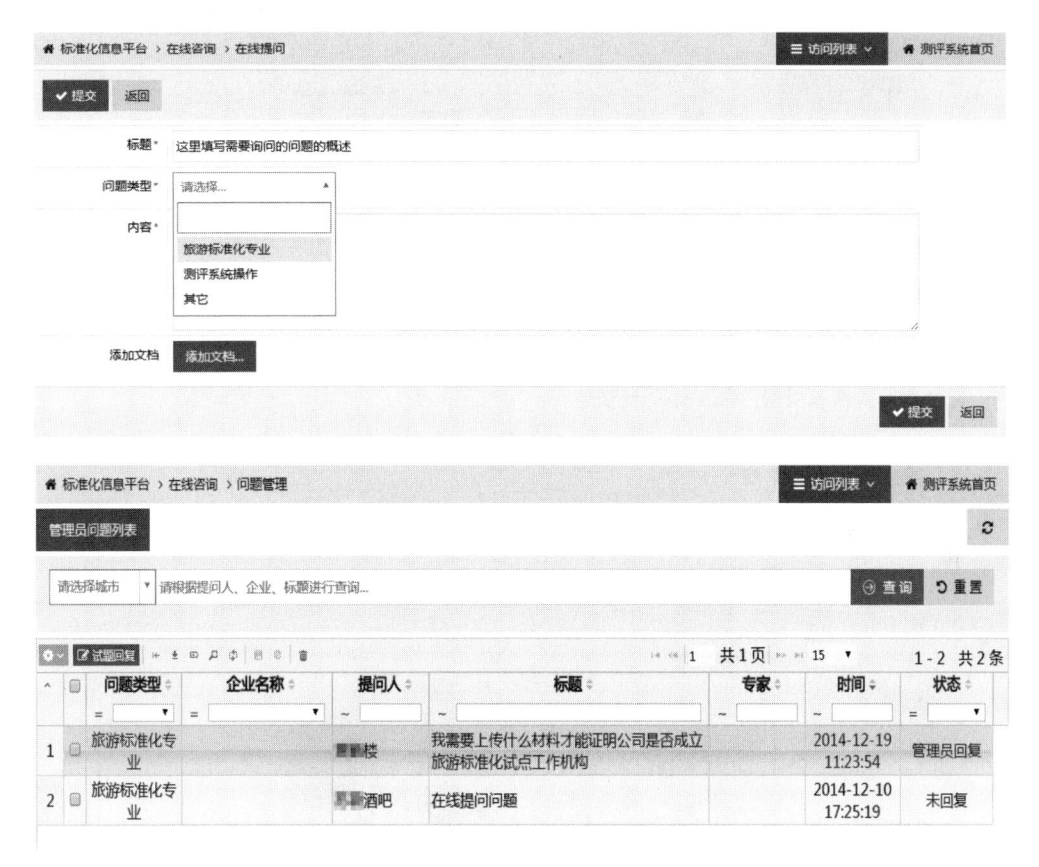

图3-9 综合管理云平台专家在线咨询界面

资料来源：采集自本书团队研发的"旅游标准化信息平台"。

2. 短信发送与模板管理功能

管理员和政府用户可以向指定的企业用户、专家用户和管理员发送短信通知，可以选择短信模板或直接编写发送的内容（见图3-10）。

图 3-10 综合管理云平台短信管理界面

资料来源：作者根据内部工作平台整理。

3. 服务器的日常安全维护

（1）强化服务器端口开放策略和加强账号密码规则。

（2）修补服务器系统的重大安全漏洞（见图 3-11）。

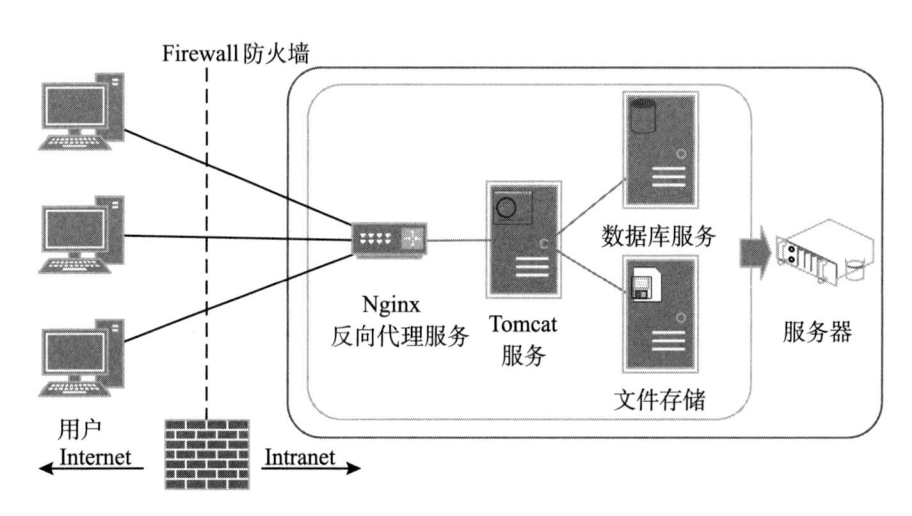

图 3-11 平台程序部署图

资料来源：作者根据内部工作平台整理。

CVE – 2014 – 6271（远程任意代码执行安全漏洞）。

CVE – 2015 – 0235（Linux Glibc 幽灵漏洞）。

（五）平台建设应用实例

自2014年，三亚市全国旅游标准化试点创建工作全面采用了综合管理云平台，成效明显，目前已经上线了300余家试点创建企业。

1. 全面的旅游标准化新闻动态展示

提供各种与旅游标准化相关的版块（包括行业新闻、政务信息、标准化知识和创建动态）信息，满足云平台未来发布各种标准化建设的相关信息（见图3–12）。

图 3 – 12　云平台行业监控版块

资料来源：采集自本书团队研发的"旅游标准化信息平台"。

2. 强大的旅游标准化知识库支持

包括旅游导向标识、标准化知识问答、国标行标地标标准库、标准化丛书等（见图3–13）。

| 中国旅游标准化的理论与实践创新

3. 清晰的企业创标动态测评流程（见图3-13）。

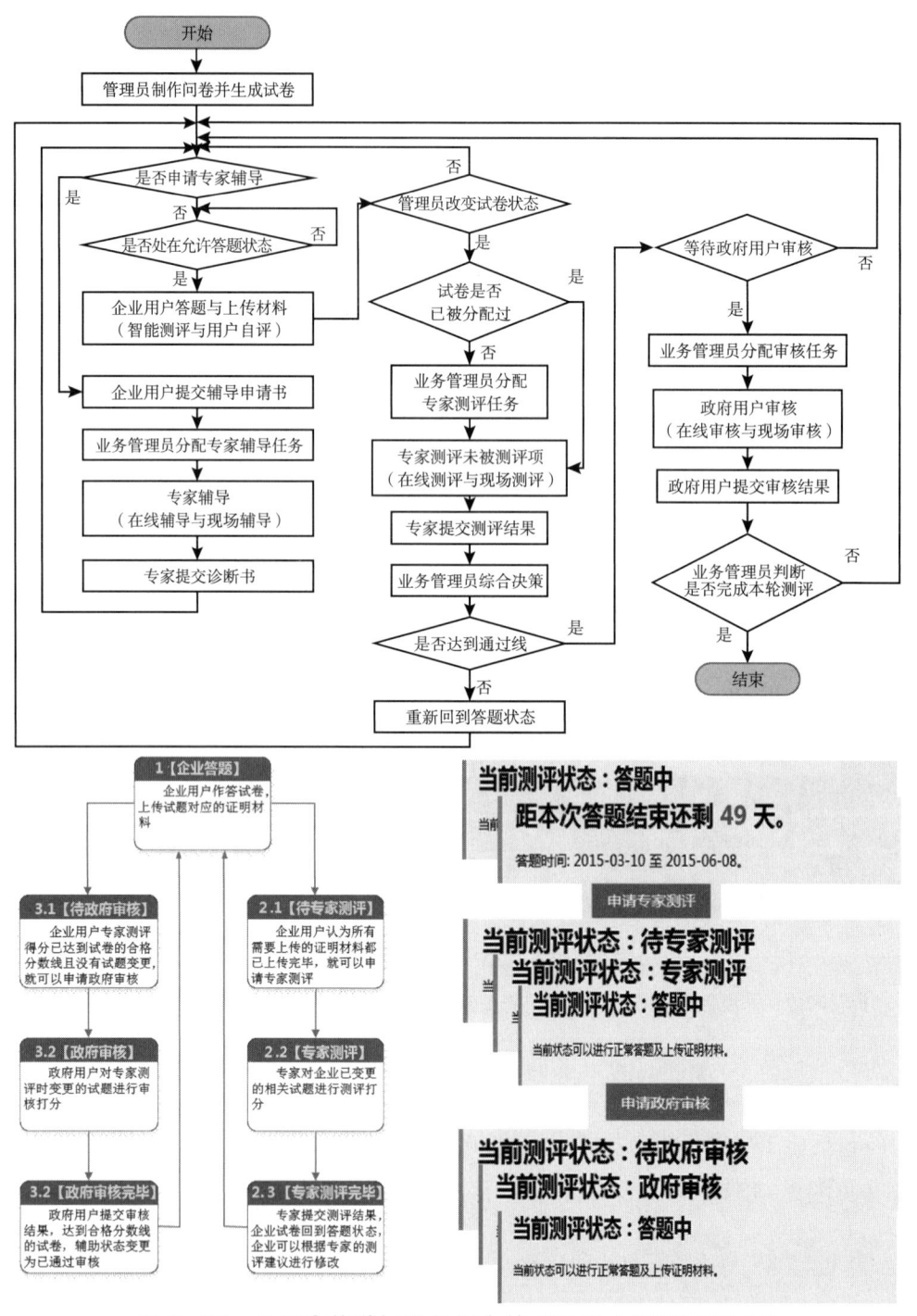

图3-13　三亚市旅游标准化综合管理云平台测评流程示例

资料来源：作者根据内部工作平台整理。

4. 平台功能超强的可视化数据统计

（1）提供各行业内试点企业测评状态得分统计（见图3-14）。

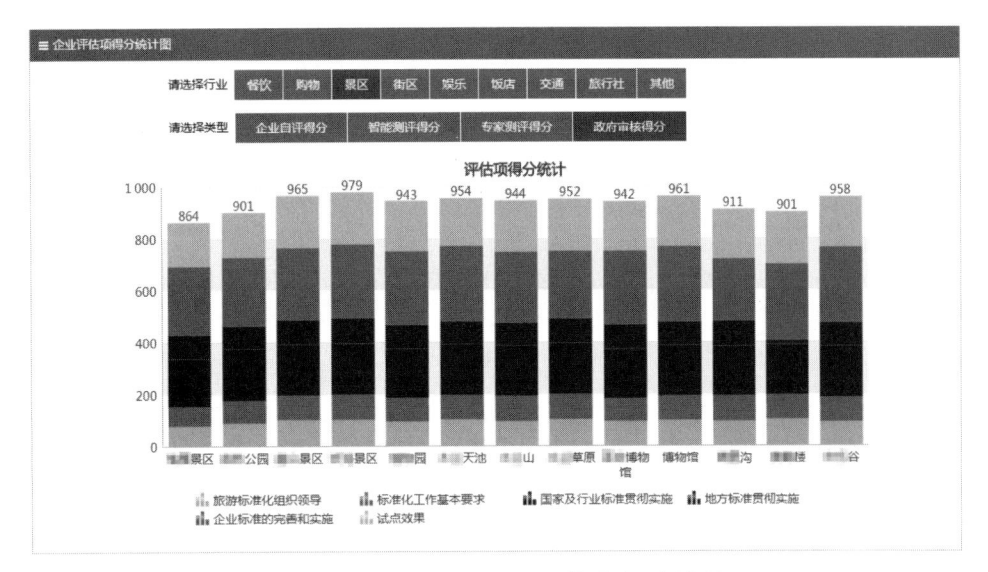

图3-14　试点企业测评状态得分统计

资料来源：采集自本书团队研发的"旅游标准化信息平台"。

（2）提供各行业测评得分平均分对比统计（见图3-15）。

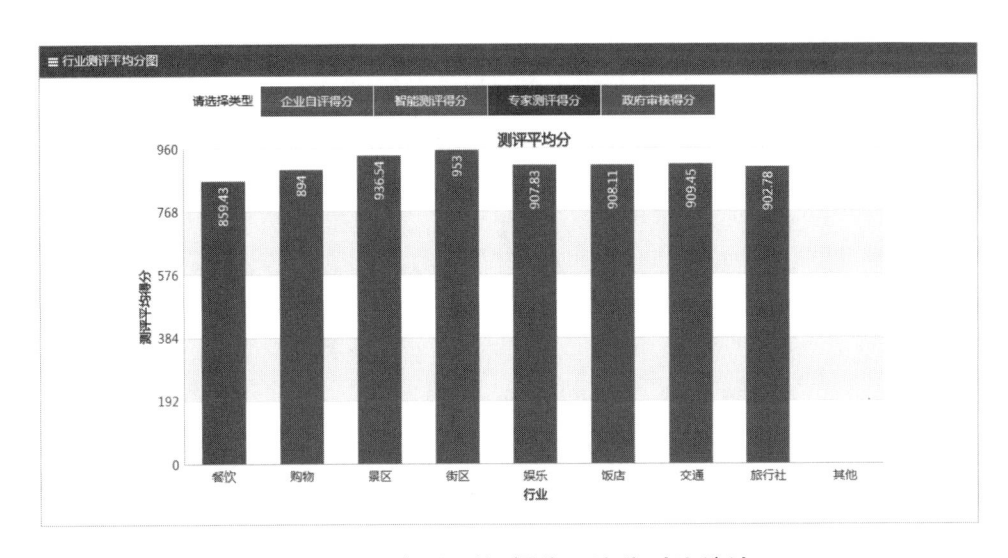

图3-15　行业测评得分平均分对比统计

资料来源：采集自本书团队研发的"旅游标准化信息平台"。

（3）提供各行业内企业多次答题测评循环状态得分趋势（见图3－16）。

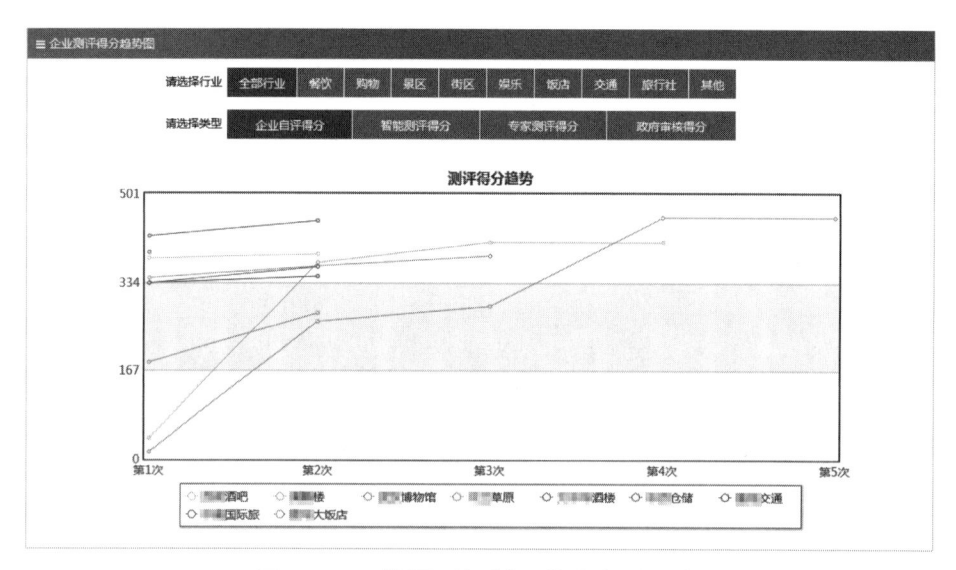

图3－16　答题测评循环状态得分趋势

资料来源：采集自本书团队研发的"旅游标准化信息平台"。

（4）提供所有行业内企业测评过程答题和上传证明材料的行为统计（见图3－17）。

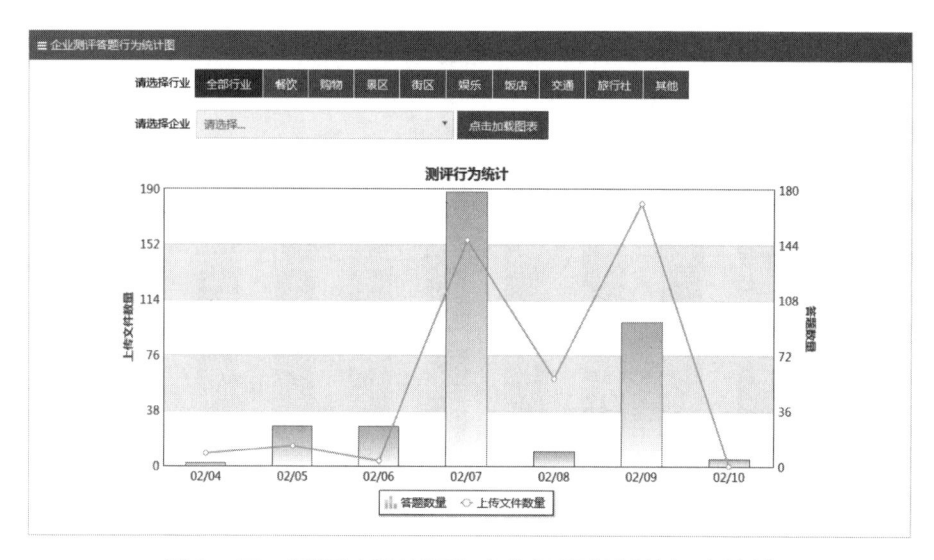

图3－17　测评过程答题和上传证明材料的行为统计

资料来源：采集自本书团队研发的"旅游标准化信息平台"。

二、旅游标准实施小助手工具

（一）工具开发背景

原国家旅游局在 2017 年的工作报告中提出了全域旅游发展战略目标。由于旅游标准的数量逐渐提升，原国家旅游局提出了摒弃以往将旅游景点作为中心的发展现状转变成为将各类涉旅行业共同推行旅游标准化建设，从而对旅游业各个方面的专业性提出共性的标准要求，更好地实施旅游标准化建设。

自 2018 年新《全国旅游标准化试点地区工作标准》颁布施行以来，我国各地区先后开展申报旅游标准化创建工作。在以往建设过程中各创建地区主要通过运用传统的标准宣贯手段开展标准实施工作，导致旅游业标准实施效果不佳，普及速度缓慢，沟通和监管不及时，从而导致信息不对称，标准实施效果滞后等常见问题。

为提升旅游标准的实施效果，我们通过对以往创建工作中遇到的各类问题的研究与总结，结合当前各旅游行业专家的意见及想法，研发了"标准实施助手"。该平台通过标准化和信息化相结合的手段，实现旅游企业、标准化专家、政府部门之间流畅的信息交互，大幅度提升了沟通效率，加强了旅游标准实施工作的过程控制，极大地提升了旅游标准的实施，提高旅游区域内的资源质量，提升旅游产品与业态价值，增强公共标准化服务水平，助力地区旅游标准化建设的推动。

标准实施助手细化分解了旅游行业相关的 60 余项核心标准，包含必选标准 20 项、自选标准 40 项以及各地区旅游相关地方标准。在分解的过程中，我们通过组织专业团队标准进行深入解读，从实践中检验标准为旅游标准及标准化工作提供了理论与实践兼容的基础，结合各地区旅游标准化建设的步骤、方法和评估要求总结出一系列的关键控制点。平台的"线测评"功能，实现了对旅游企业标准化工作的过程控制，同时企业标准化自评结果、专家评估、专家辅导等功能模块，通过信息化技术和手段来固化标准实施工作流程。

标准实施平台现已在多个地区实际投入使用，目前已经服务 300 多家试点单位开展工作。平台能够帮助地区建立完整的包含标准评估、实施、监控与修订等环节的工作体系，使标准实施单位能及时、准确地上传标准实施的证明材料，同时专家团队线上及时地实施测评工作。平台以简洁、简单作为开发理念，为旅游标准实施提供良好的技术支撑，并且对标准的评估、反馈、完善等各环节收集用户的实际使用数据，进而不断地改进与完善。

（二）工具应用简介

标准实施助手运用标准化和信息化相结合的手段，实现旅游试点单位、技术专家、政府主管部门之间的互联互通，及时反馈整体标准化创建动态（见图3-18）。

1. 用户平台登录

旅游标准化试点单位用户可通过以下途径进入工具平台。

（1）通过微信小程序搜索，可搜索到"标准实施助手"程序（见图3-19）。

（2）输入账号密码点击登录后进入主页，系统将根据企业自身业态特色分配需实施的国家、行业、地方标准（见图3-20）。

（3）标准实施助手共对用户开放标准实施自评、标准原文查询、企业标准体系、系统线上答疑以上四项功能，通过以上功能帮助企业开展标准实施建设（见图3-21）。

2. 标准实施自评板块

（1）试点单位标准实施自评系统。

点击进入标准实施自评模块，在首页上会显示"全部任务""实施中""未通过""已完成"，明确体现企业标准实施状况，帮助企业初步把控企业的标准实施情况（见图3-22）。

```
┌─────────────────────────────────────────────────────┐
│              标准实施助手创建工作流程                │
├──────────────┬──────────────┬───────────────────────┤
│   政府部门   │   试点单位   │      专家团队         │
└──────────────┴──────────────┴───────────────────────┘
```

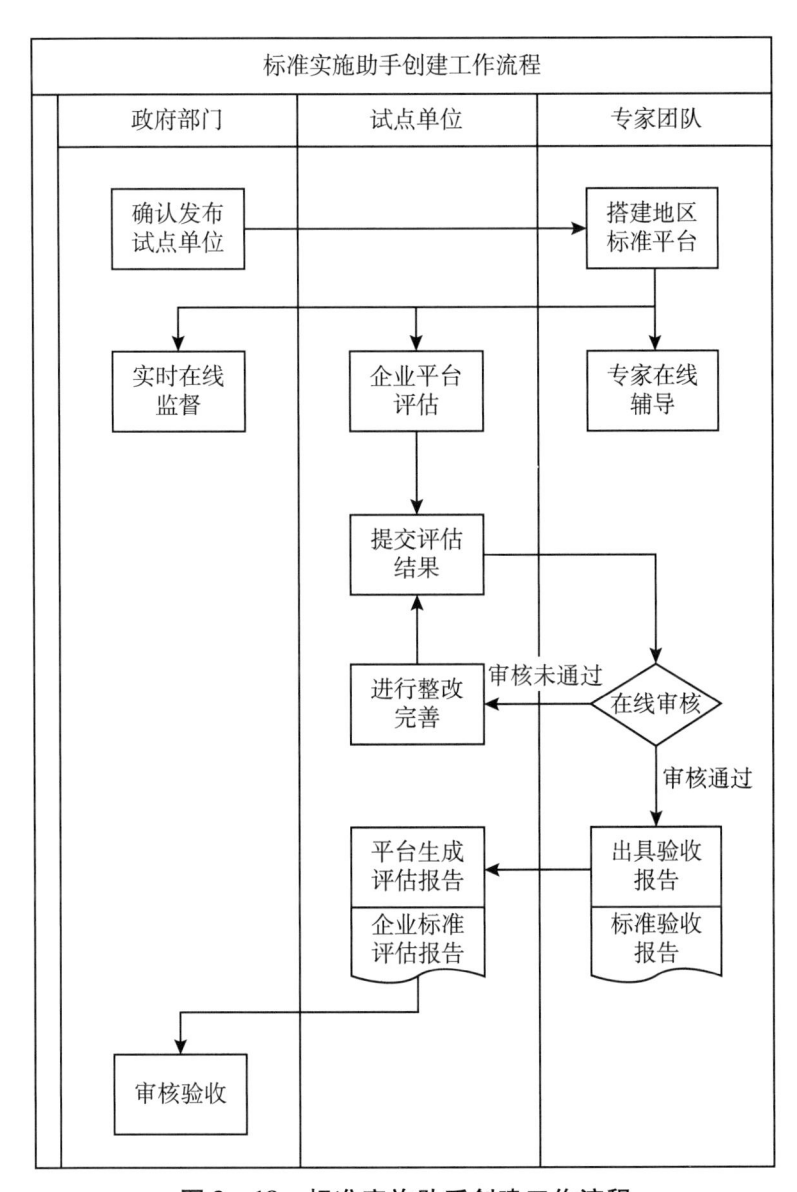

图3-18 标准实施助手创建工作流程

资料来源：作者根据内部工作平台整理。

图 3-19　微信小程序搜索页面

资料来源：采集自本书团队研发的"旅游标准小助手"软件工具。

图 3-20　标准实施助手登录界面

资料来源：采集自本书团队研发的"旅游标准小助手"软件工具。

图 3-21　标准实施助手功能菜单页面

资料来源：采集自本书团队研发的"旅游标准小助手"软件工具。

图 3-22　标准实施自评主界面

资料来源：采集自本书团队研发的"旅游标准小助手"软件工具。

（2）实施任务答题情况数据统计功能。

在此页面点击"导出答题情况"按钮，系统自动生成该试点单位标准实施情况（见图 3-23）。

图 3-23 标准实施数据导出按钮界面

资料来源：采集自本书团队研发的"旅游标准小助手"软件工具。

（3）标准评估自评答题功能。

试点单位开展标准自评工作，主要由平台为试点单位将标准进行分解，将标准以答题的形式进行展现。试点单位只需根据平台的材料要求提供相应的佐证材料，展现创建工作进程以及标准实施情况。操作时用户对需要上传证明材料的评估项，添加证明材料，同时确保材料的真实性，上传相应的地理位置信息，如此逐项完成评估材料完成答题自评工作（见图 3-24）。

（4）实施标准任务属性功能。

通过平台可以查看标准实施状态，企业相关标准的实施状况。企业标准评估状态分为未实施、实施中、已完成、待审核、未通过、已通过和有争议 7 项，详细地记录试点单位的标准化创建进程及完成度（见图 3-25）。

图 3-24　标准实施自评界面

资料来源：采集自本书团队研发的"旅游标准小助手"。

图 3-25　试点单位标准实施状态界面

资料来源：采集自本书团队研发的"旅游标准小助手"。

（5）标准实施审核功能。

在试点单位标准实施完成后，用户通过点击标准实施界面中的"提交审核"按钮将相应标准交由专家团队进行审核，并根据审核情况提供"评估意见"，企业根据专家评估意见进行完善整改（见图 3-26）。

图 3-26 专家审核意见反馈界面

资料来源：采集自本书团队研发的"旅游标准小助手"。

（6）标准实施数据统计功能。

通过点击页面右下方的"实施数据统计"按钮，系统将根据试点单位业态及需落实的国家、行业、地方标准各状态及类型进行实时在线统计（见图 3-27）。

3. 企业标准体系版块

（1）企业标准管理体系情况统计功能（见图 3-28）。

平台还将通过统计企业自身标准管理体系情况，选择"企业标准体系"查询企业标准体系数据，将联动"标准体系管理系统"显示企业自身管理体系数据。

（2）系统线上答疑功能。

平台建有线上专家咨询模块，选择"线上专家答疑"按钮，下设"常见问题""在线提问""联系专家"三个功能版块，分别帮助企业解答系统问题以及通过在线问答的形式帮助企业解答实施中遇到的困难以及疑问（见图 3-29）。

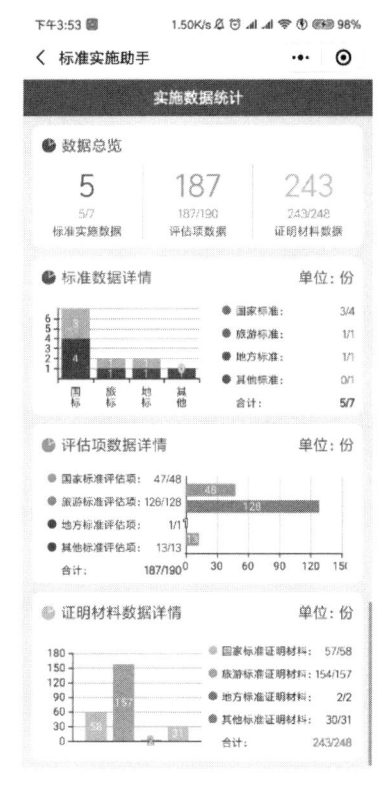

图 3-27 标准实施情况分类统计界面

资料来源：采集自本书团队研发的"旅游标准小助手"。

图 3-28 试点企业标准体系数据统计界面

资料来源：采集自本书团队研发的"旅游标准小助手"。

图 3-29 系统线上答疑主界面

资料来源：采集自本书团队研发的"旅游标准小助手"。

4. 政府用户平台功能介绍

（1）政府用户电脑端平台。

政府平台为了跟进标准化创建工作，监督试点单位标准实施进度，专门为政府提供标准实施助手后台管理系统。系统将根据地区特性建立平台数据统计版块，政府通过登录到系统在线开展工作（见图 3-30）。

图 3-30 标准实施助手后台端的政府管理系统界面

资料来源：采集自本书团队研发的"旅游标准化信息平台"。

(2) 试点单位数据监控统计功能。

系统会根据政府账户的用户信息展示其管理辖区范围内各个区域的试点单位数量统计，对各试点单位标准落实情况进行可视化呈现，并可对存在问题下发通知（见图 3-31）。

图 3-31　标准实施助手后台管理系统数据统计界面

资料来源：采集自本书团队研发的"旅游标准化信息平台"。

系统还可通过区块、标准级别和试点单位业态等多种数据维度，分类导出各项标准实施情况汇总统计表格，以帮助地区进行数据整合（见图 3-32、图 3-33、图 3-34）。

图 3 – 32　标准实施助手后台管理系统数据清单界面

资料来源：采集自本书团队研发的"旅游标准化信息平台"。

图 3 – 33　答题数据统计导出按钮界面

资料来源：采集自本书团队研发的"旅游标准化信息平台"。

图 3 – 34　标准实施助手后台管理系统地区整体情况统计

资料来源：采集自本书团队研发的"旅游标准化信息平台"。

(3) 地区自定义数据统计功能。

为了方便政府能多方面，及时地掌握企业的标准实施情况，系统加入可根据地区分类、旅游业态、企业统计、标准分类四个不同维度进行组合统计。通过对数据筛选对不同类型进行组合来展示不同方面的数据情况，生成不同的数据统计图信息（见图 3-35、图 3-36）。

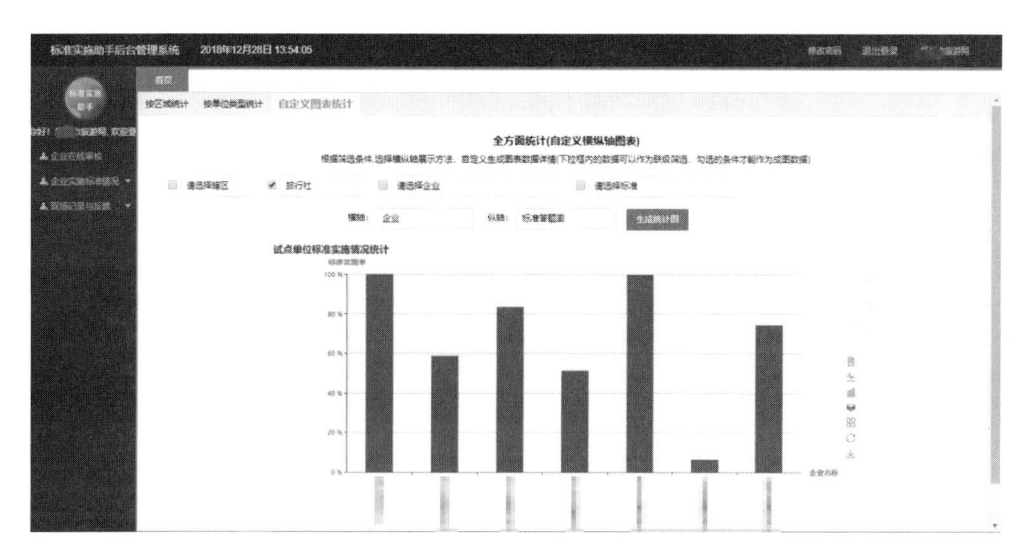

图 3-35　后台管理系统自定义数据界面

资料来源：采集自本书团队研发的"旅游标准化信息平台"。

图 3-36　后台管理系统自定义数据界面

资料来源：采集自本书团队研发的"旅游标准化信息平台"。

(4) 在线审核功能。

企业数据概览。点击左侧面菜单栏企业在线审核按钮，右侧出现辖区范围内所有企业列表与其标准实施详情、点击不符合项清单按钮将导出各个企业未实施的评估项列表（见图 3-37）。

图 3-37 试点单位标准实施数据监控界面

资料来源：采集自本书团队研发的"旅游标准化信息平台"。

政府在线审核。点击任意单列数据后的在线审核按钮，将展示出该试点企业实施的所有标准。可以查看具体的标准的评估项答题详情、查看专家的审核意见、发表自己的审核意见（见图 3-38）。

图 3-38 政府在线审核界面

资料来源：采集自本书团队研发的"旅游标准化信息平台"。

通过平台可以展示当前标准的所有评估项内容。点击查看标准实施证明材料，准确把控整体题目实施是否达标（见图3-39）。

图3-39 标准实施审核界面

资料来源：采集自本书团队研发的"旅游标准化信息平台"。

审核完毕后，政府可将审核意见在线反馈至企业，企业可以及时查看审核结果及意见进行整改，实现线上沟通（见图3-40）。

图 3-40　政府专家意见界面

资料来源：采集自本书团队研发的"旅游标准化信息平台"。

（5）企业标准实施情况功能。

点击左侧菜单栏的按企业查标准按钮，右侧将展现政府账户辖区范围内的所有试点单位列表，右上角可以将表格导出成企业标准审核结果。点击企业名称展开当前企业所实施的所有标准列表，显示出标准名称和实施状态（见图 3-41）。

图 3-41　试点单位标准实施整体情况界面

资料来源：采集自本书团队研发的"旅游标准化信息平台"。

三、导向标识辅助设计平台

随着我国经济建设的迅速发展，城市规模不断扩大，人们的生活方式也在发生巨大变化。当城市发展到一定规模，各类经济文化交流活动日益丰富，人们在城市中穿梭就会被各种信息包围，各式各样的媒介传递着五花八门的信息，让人眼花缭乱，这时，人们开始意识到信息准确辨识的重要性。

在高速运转的城市中，高效率的信息传递方式为人们所渴望，无论是城市居民还是外来游客，公共引导信息的缺失或描述不清都增加了寻路人的迷茫，降低了行事效率，于是一套科学规范的导向设计系统便应运而生了。

（一）公共信息导向系统的定义及构成

1. 旅游公共信息

旅游公共信息是指公众在涉旅公共场所行动时需要了解的信息，包括旅游场所地点信息、服务功能信息、行为提示信息等，如景区、旅游场所、宾馆饭店、购物、医疗、行路、驾车信息等。

2. 公共信息导向系统

系统是指由相互作用、相互依赖的若干组成部分结合而成的具有特定功能的有机整体。在 GB/T 15566《公共信息导向系统设置原则与要求》中的规定，公共信息导向系统由以下要素构成：位置标志、导向标志、平面示意图、信息版、街区导向图、便携印刷品等，详见图3-42。

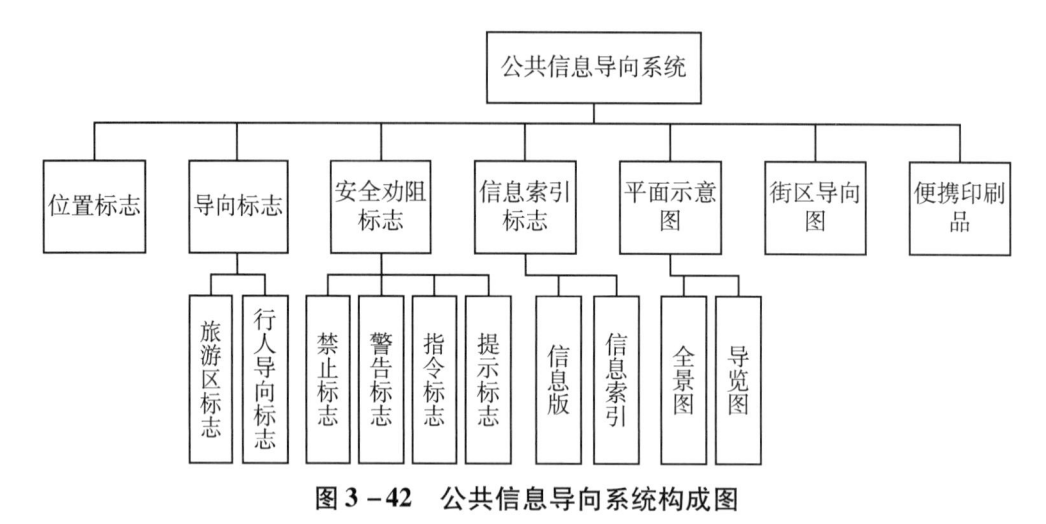

图3-42 公共信息导向系统构成图

注：在公共信息导向系统实践过程中，不仅仅涉及以上导向要素，还包括GB 2894《安全标志及其使用导则》中规定的各类安全劝阻标志、5768.2《道路交通标志和标线 第2部分：道路交通标志》中规定的旅游区标志等。

3. 公共信息导向系统的导向要素

（1）位置标志。

位置标志的版面一般由单一图形符号、单一文字、图形符号和文字组合三种形式，其中：

①单一图形符号的位置标志由图形符号、符号衬底色和（或）边框构成（见图3-43），宜用于认知度、理解度高的图形符号，如公共卫生间、男卫生间、女卫生间等。

（a）由图形符号、符号衬底色和边框构成 　　（b）由图形符号和符号衬底色构成

图3-43 单一图形符号形式的位置标志示例

资料来源：来自"公共信息图形符号"国家标准（GBT 10001.1-2001）中示例图。

②单一文字形式的位置标志由文字、衬底色构成（见图3-44）。

玫瑰红油桃园
Nectarine Garden

图3-44　单一文字形式的位置标志示例

资料来源：来自"旅游休闲符号"国家标准（GBT 10001.2-2006）中示例图。

③图形符号和文字组合形式的位置标志由图形符号、文字、衬底色和（或）边框构成，是常用形式（见图3-45）。

（a）图形符号、文字、符号衬底色和边框构成　　（b）由图形符号、符号衬底色和文字构成

图3-45　图形符号和文字组合形式的位置标志示例

资料来源：来自"旅游休闲符号"国家标准（GBT 10001.2-2006）中示例图。

（2）导向标志。

导向标志一般分为旅游区标志和行人导向标志，旅游区标志分为方向标志、旅游区距离标志、旅游符号三种形式。

旅游区方向标志是为驾车人员提供旅游区方向信息的标志。旅游区方向标志由旅游区图形（或图形符号）、旅游区中文名称及方向箭头组成，也可增加英文名称（见图3-46）。

图3-46　旅游区方向标志的示例

资料来源：来自"旅游休闲符号"国家标准（GBT 10001.2-2006）中示例图。

旅游区距离标志是为驾车人员提供旅游区距离信息的旅游区标志。旅游区距离标志由旅游区代表性图形（或图形符号）、旅游区中文名称及到达旅游区的距离组成，也可增加英文名称（见图3-47）。

图3-47 旅游区方向标志的示例

资料来源：来自"旅游休闲符号"国家标准（GBT 10001.2-2006）中示例图。

旅游符号是为驾驶人员提供旅游项目及旅游设施信息的旅游区标志。旅游符号由相关图形符号构成（见图3-48）。

（a）旅游区内道路的旅游符号设置示例

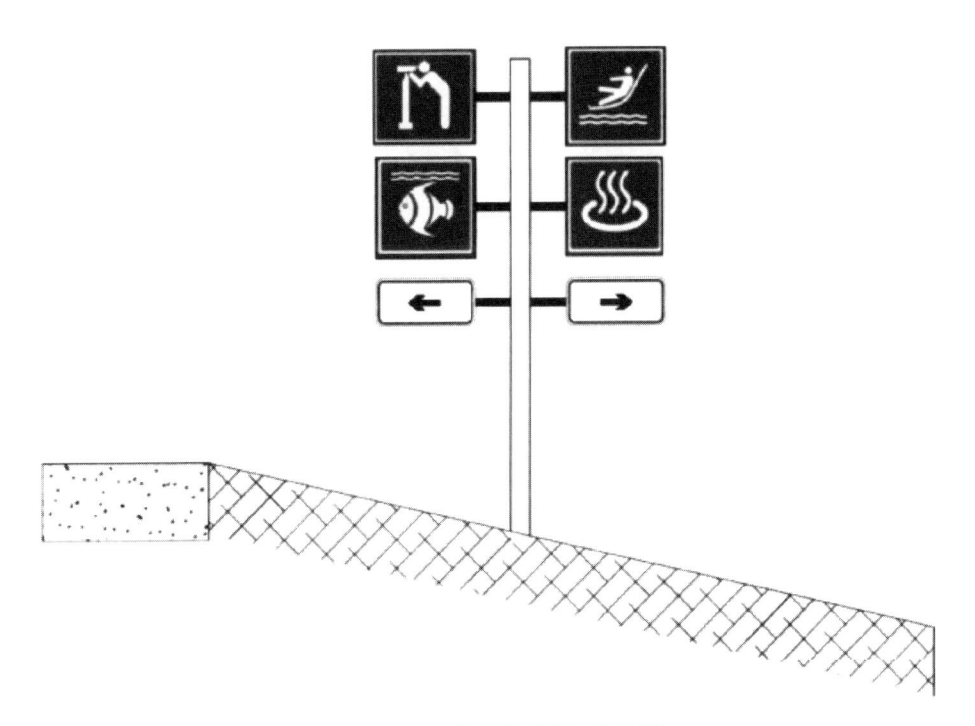

（b）旅游符号的组合示例

（c）旅游区名称与旅游符号的组合设置示例

图 3-48 旅游符号示例

资料来源：来自"旅游休闲符号"国家标准（GBT 10001.2-2006）中示例图。

行人导向标志分为单一图形符号、单一文字、图形符号和（或）文字组合三种形式。

单一图形符号形式的导向标志由箭头、图形符号、衬底色和（或）边框构成，仅用于认知度、理解度较高的图形符号（见图 3-49）。

（a）图形符号、文字、符号衬底色和边框构成　（b）由图形符号、符号衬底色和文字构成

图 3-49　单一图形符号形式的导向标志示例

资料来源：来自"旅游休闲符号"国家标准（GBT 10001.2-2006）中示例图。

单一文字形式的导向标志由箭头、中文或中英文、衬底色构成，宜用于旅游景区（旅游景点）的导向标志，还可附加当前位置到目的地的距离信息（见图 3-50）。

（a）中文或中英文、衬底色构成　　（b）箭头、中文或中英文、衬底色及距离信息构成

图 3-50　单一文字形式的导向标志示例

资料来源：来自"旅游休闲符号"国家标准（GBT 10001.2-2006）中示例图。

图形符号和文字组合形式的导向标志由箭头、图形符号（或代表性图形）、文字、衬底色和（或）边框构成，还可附加当前位置到目的地的距离信息；导向标志的常用形式如下（见图 3-51）：

（a）箭头、图形符号（或代表性图形）、衬底色、文字和边框构成

（b）箭头、图形符号（或代表性图形）、衬底色和文字构成

（c）箭头、图形符号（或代表性图形）、衬底色、文字、目的地距离和边框构成

图 3-51　图形符号和文字组合形式的导向标志示例

资料来源：来自"旅游休闲符号"国家标准（GBT 10001.2-2006）中示例图。

(3) 安全劝阻标志。

①禁止标志：禁止人们不安全行为的图形标志，其设计应符合有关规定。禁止标志应带有文字辅助标志，文字辅助标志应为红色背景色白色文字，并位于图形标志的下方或右侧（见图 3-52）。

图 3-52　禁止标志示例

资料来源：来自"公共信息图形符号"国家标准（GBT 10001.1-2001）中示例图。

②警告标志：提醒人们对周围环境引起注意，以避免可能发生危险的图形标志，其设计应符合有关规定。警告标志应带有文字辅助标志，文字辅助标志应为黄色背景色黑色文字，并位于图形标志的下方或右侧（见图 3-53）。

图 3-53　警告标志示例

资料来源：来自"公共信息图形符号"国家标准（GBT 10001.1-2001）中示例图。

③指令标志：强制采取某种安全措施或做出某种动作的安全标志（见图 3-54）。

图 3-54　指令标志示例

资料来源：来自"公共信息图形符号"国家标准（GBT 10001.1-2001）中示例图。

④安全条件标志：提示安全行为或指示安全设备、安全设施以及疏散线路所在位置的安全标志（见图 3-55）。

图 3-55　安全条件标志示例

资料来源：来自"公共信息图形符号"国家标准（GBT 10001.1-2001）中示例图。

⑤劝阻标志：劝阻标志是限制人们某种行为的公共信息标志。由图形符号和文字辅助标志构成，文字辅助标志应位于图形标志的下方或右侧（见图 3-56）。

图 3-56　劝阻标志示例

资料来源：来自"公共信息图形符号"国家标准（GBT 10001.1-2001）中示例图。

⑥消防设施标志：指示消防设施所在位置或提示如何使用消防设施的安全标志（见图 3-57）。

图 3-57　消防设施标志示例

资料来源：来自"公共信息图形符号"国家标准（GBT 10001.1-2001）中示例图。

（4）信息索引标志。

楼层信息应给出本楼层内各种旅游服务和旅游设施的信息（见图 3-58）。

图 3-58　楼层信息板示例

资料来源：来自"旅游休闲符号"国家标准（GBT 10001.2-2006）中示例图。

（5）平面示意图。

平面示意图包括全景图和导览图。

全景图一般由图廓、图名、全景区示意图、图例和（或）游览线路图构成。图名、全景区示意图、图例和游览线路图均应在图廓内。其中全景区示意图应位于图廓内显著位置，其余部分应在全景区示意图区域外。图例和游览线路图的幅面尺寸之和不应超过全景区示意图的幅面尺寸，且宜与图廓下边缘或图廓右边缘相邻；以固定方式设置的全景图应在全景区示意图中标注"观察者位置"（见图 3-59）。

图 3-59　全景图示例

资料来源：来自"旅游休闲符号"国家标准（GBT 10001.2-2006）中示例图。

导览图一般由图廓、图名、旅游景区局部示意图、图例和辅图构成。旅游景区局部示意图应为大比例尺示意图并提供所在位置周边 500 米范围内的旅游景点和公共设施以及出口方向，辅图应为小比例尺的全景区示意图并标注该导览图覆盖区域的所在位置，以固定方式设置的导览图应在旅游景区局部示意图中标注"观察者位置"。

（6）街区导向图。

街区导向图以两个必备信息单元和两个可选信息单元构成（见图 3-60）：

——图名：必备信息单元，街区导向图的称谓；

——主图：必备信息单元，提供所示街区或范围内公共设施详细位置信息的图形区域；

——图例：必备信息单元，主图中图形符号或特定含义颜色的解释或说明；

——索引：可选信息单元，将主图中公共设施的名称或编号按一定检索顺序分条、分列排序，以便找到其在主图中的网格编号或补充说明等信息的列表；

——概览件可选信息单元。主图所示区域在所规划的街区或市区中所处位置的示意图。

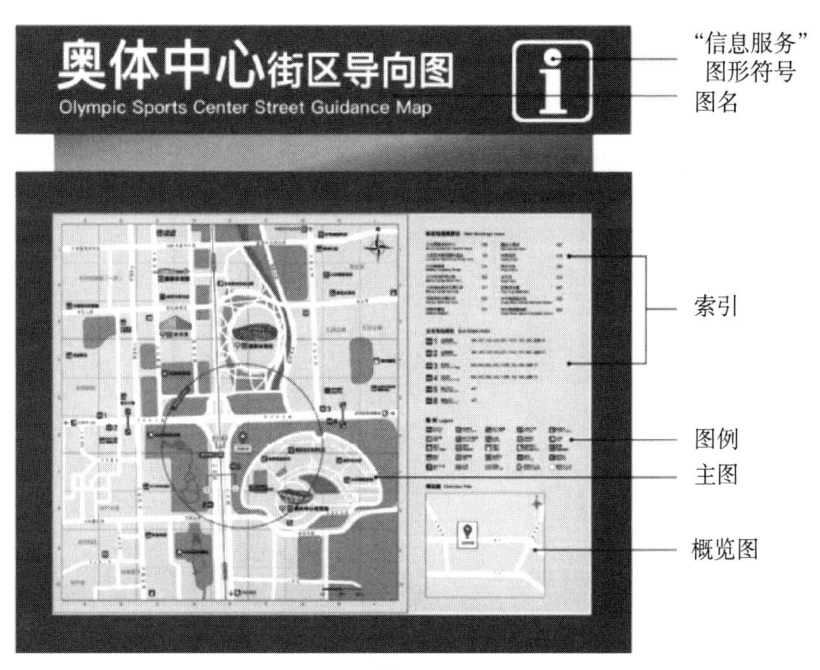

图 3-60　街区导向图示例

资料来源：来自"旅游休闲符号"国家标准（GBT 10001.2-2006）中示例图。

(7) 便携印刷品。

便携印刷品包括导游图、导游手册、门票等。

导游图应包括全景区介绍、全景区示意图、著名旅游景点介绍,并宜根据旅游景区特点、游览时间向游客推荐游览线路。如半日游、一日游及夜景游览线路等。

导游手册应包括全景图介绍、全景区示意图、地理信息图、旅游景,区基本信息(如历史、文化、地理相关信息)、实用资讯(如周边交通、购物、餐饮、娱乐场所介绍),并宜根据旅游景区特点、游览时间向游客推荐游览线路。如半日游、一日游及夜景游览线路等(见图3-61)。

门票除了在正面明示种类、票价、涵盖景点(或项目)、有效期等信息以外,还宜利用门票背面设计全景区示意图(见图3-61)。

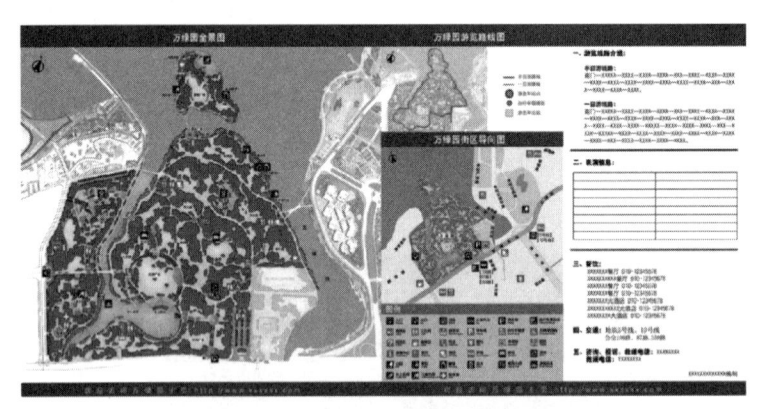

(a)导游手册设计示例(正面)

(b)导游手册设计示例(反面)

图 3-61 导游手册设计示例

资料来源:来自"旅游休闲符号"国家标准(GBT 10001.2-2006)中示例图。

4. 旅游公共信息导向系统建设意义

2017 年，国家旅游局（现中华人民共和国文化和旅游部）发布了《全国旅游标准化试点地区工作标准》（后续称作《地区工作标准》），其中涉及公共信息导向系统的标准有《公共信息图形符号　第 1 部分：通用符号》《标志用公共信息图形符号　第 2 部分：旅游休闲符号》《公共信息导向系统设置原则与要求第 1 部分：总则》《公共信息导向系统设置原则与要求第 8 部分：宾馆和饭店》《城市旅游公共信息导向系统设置原则与要求》（GB/T 31382 – 2015）、《旅游景区公共信息导向系统设置规范》（GB/T 31384 – 2015）六项国家标准，总共占《地区工作标准》中"必选标准"60 分（必选标准满分 200 分）。其中《旅游饭店星级的划分与评定》（GB/T 14308 – 2010）、《旅游景区质量等级的划分与评定》（GB/T17775 – 2003）、《旅游景区游客中心设置与服务规范》（GB/T 31383 – 2015）、《旅游厕所质量等级的划分与评定》（GB/T18973 – 2016）、《旅游信息咨询中心设置与服务规范》（GB/T 26354 – 2010）、《城市旅游集散中心等级划分与评定》（GB/T 31381 – 2015）等标准中都有条款明确要求符合国家公共信息导向系统的相关要求。《地区工作标准》中公共信息导向系统占分比如此之高，可见国家对公共信息导向系统的建设重视度非常高。

另外，公共信息导向系统的标准化建设以满足消费者生活、工作和旅游的基本行为为需要，高效、安全、方便、有序地为消费者提供一种可视、可依靠、可信赖的导向信息和心理依据，从而使旅游环境有序化、人文化。公共信息导向系统的标准化建设以无声的服务提高企业的管理效率和运行水平，是旅游业文化氛围和环境形象的重要组成部分，公共信息导向系统的存在为人与人、人与物、人与环境之间的交流创造了有利条件。公共信息导向系统的标准化建设是地方旅游标准化发展进程中重要的一环，导向系统建设的好坏直接影响着游客对旅游目的地的满意度评价。整改完善城市旅游业的公共信息导向系统，对提高游客旅游出行的便利性、舒适性，提升城市旅游目的地吸引力具有不可替代的重要意义。最后公共信息导向系统作为涉旅企业对外的一张名片，展示企业的形象，提升行业竞争力。

(二) 国内外旅游公共信息导向系统现状

1. 国外导向系统的发展

1947 年联合国成立了国际标准化组织图形符号技术委员会（ISO），主要负责图形以及符号要素（颜色和形状）的国际标准化工作，并于 1972 年在德国柏林召开了首次大会。国际标准化组织下设技术委员会（SC），SC 分为：SC1 公共信息符号；SC2 安全识别、标志、形状、符号和颜色；SC3 设备用图形符号。1974 年，美国联邦交通部又提出了包括 34 种基本以图形方式表达的视觉系统内容，具体包括："公用电话、邮政服务、外汇兑换、医疗救护、失物领取、行李存放、电梯、男女厕所、问询处、旅馆介绍、出租汽车、公共汽车、连接机场的地铁或者火车、飞机场、直升机、轮船、租车、餐馆、咖啡店、酒吧、小商店和免税店、售票处、行李处、海关、移民检查、禁烟区、吸烟区、不许停车区、不许进入区"等图形。为了保证这个系统的方便应用，制造出了标准化的视觉传达系统图形。这些图形可以不通过文字说明就被不同的国家、不同文化程度的人们所了解，极大地方便了人们的生活和工作。

由此可见，欧美各国的视觉导向系统设计起步较早，他们关于视觉导向系统设计的研究理论已经达到一定的水平，并在应用方面也取得了相当的成绩，积累了丰富的经验，有很多值得借鉴的地方。当前，美国的城市公共信息导向系统居世界领先地位，相关法规多而细，其中残疾人保障系统（ADA）、美国联邦交通标志系统（ERGS）、国家公园标准（NPS）、纽约市捷运系统（RT）等相当完善。在亚洲一些国家，公共交通信息导向系统也有较快的发展，设计完善合理，有自己的特色，如日本东京、韩国首尔等。国外的视觉导向系统设计师的设计理念较为新颖，在材料的运用、图案的处理及色彩的选取等方面，都有其独到的见解，并且善于将地域文化特征与视觉导向系统的设计进行有机的结合，同时，关注使用人群的真实心理感受，在设计上充分体现了视觉导向系统的实用性、文化性和人性化的设计理念。比如，英国伦敦的公交站牌设计明快，便于识别，管理智能化；韩国首尔市注重改善以公交系统为根本的内涵升级，通过其公交体制改革，实现公交系统的革新，进而重新树立公共交通导向系统的现代形象。总结起来，他们的具体做法是：重新整顿公交线路体系；运用科学方法管理公交线路；推行公交运营体制改革；并且注重把研究成果应用到城市公共设施建设中，方便城市居民的生活等。

2. 我国导向系统的发展

我国第一个导向标识方面的国家标准是 1983 年发布的国家标准《公共信息图形符号》。其后于 1986 年发布了《道路交通标志与标线》和《铁路客运服务图形标志》，并于 1988 年发布了《公共信息标志用图形符号》。在 1995 年我国还发布了《图形符号术语》和《图形标志使用原则与要求》。《标志用公共信息图形符号》是我国公共信息图形符号领域中的一个重要国家标准，经历了多次修订。1994 年第一次修订时将《公共信息图形符号》和《公共信息标志用图形符号》合并；2000 年第二次修订时，将其分为多个部分：《标志用公共信息图形符号第 1 部分：通用符号》；《标志用公共信息图形符号第 2 部分：旅游设施与服务符号》。

因此，可以说，20 世纪末，我国已经形成了具体图形符号以及图形标志设计、测试、设置的国家标准体系。进入 21 世纪，由中国标准化研究院提出了建立城市公共信息导向系统的理念，其基本思想为：城市公共信息导向系统是引导人们在某个城市内的任何公共场所进行活动的信息系统。该系统将一个城市看作一个整体，系统的设置应达到这样一种效果：人们从进入城市，到在这个城市进行活动，直到离开城市都感到方便和自由。城市公共信息导向系统由城市出入口（如机场、车站等）、市内交通（如地下铁路、地面公共客运、道路交通等）、市内公共服务、娱乐设施（如宾馆饭店、商场、医院旅游景点等）三个子导向系统构成。

城市公共信息导向系统的导向功能是通过各种导向要素来实现的。构成城市公共信息导向系统的导向要素主要有：位置标志、导向标志、平面示意图、信息板、街区导向图、便携印刷品、各种电子信息显示及咨询设施等。导向要素的具体导向功能是通过构成导向要素的各元素来实现的。导向要素通常由下述元素构成：符号或图形符号、图形标志、文字或文字标志、方向箭头、颜色、图、企业徽标及名胜古迹的标志。在城市导向系统理论的指导下，全国图形符号标准化技术委员会制定了城市公共信息导向系统标准体系框架，并制定完成了一系列国家标准，充实完善了标准体系（见图 3 - 62）。

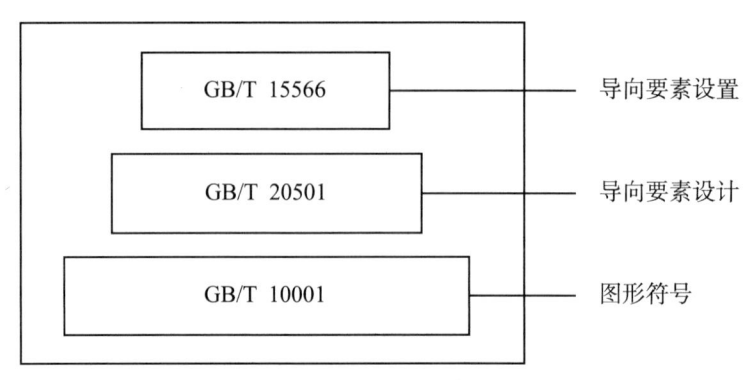

```
┌─────────────────────────────────┐
│  ┌──────────────┐               │
│  │  GB/T 15566  │────── 导向要素设置
│  └──────────────┘               │
│  ┌──────────────┐               │
│  │  GB/T 20501  │────── 导向要素设计
│  └──────────────┘               │
│  ┌──────────────┐               │
│  │  GB/T 10001  │────── 图形符号
│  └──────────────┘               │
└─────────────────────────────────┘
```

图 3-62 公共信息导向系统国家标准体系

资料来源：作者自绘。

（三）公共信息导向系统实施的工具

1. 公共信息导向系统智能规划系统工具

根据上面可知公共信息导向系统由各种导向要素构成，公共信息导向系统智能规划系统工具目通过开发 OfficeVBA 平台及 CorelDRAW VBA 平台功能，能够通过导入信息数据将需要制作的标志牌自动生成。该系统集成了"现场调研照片整理、POI 信息、位置标志自动生成、导向标志自动生成、信息索引标志自动生成、安全劝阻标志自动生成、公共信息导向系统方案汇编"等功能，大大提高了在旅游标准化创建工作中的标牌设计效率，从而达到一种通过"标准化"的技术手段，生产出"符合国家标准"要求的公共信息导向系统方案（见图 3-63）。

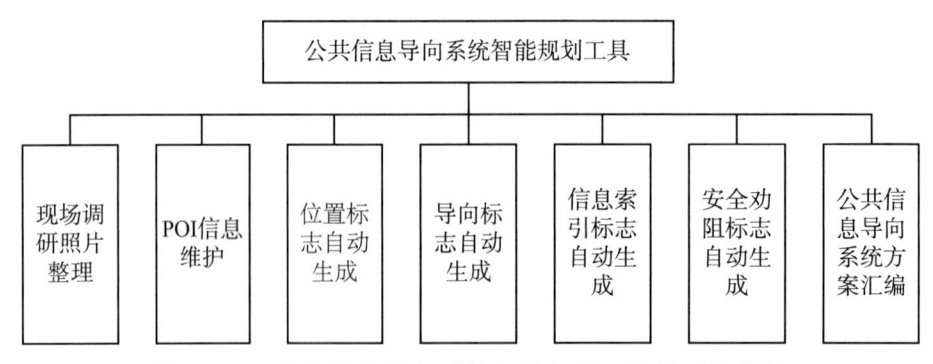

```
              ┌────────────────────────────────┐
              │  公共信息导向系统智能规划工具  │
              └────────────────────────────────┘
    ┌──────┬──────┬──────┬──────┬──────┬──────┬──────┐
┌───┴──┐┌──┴───┐┌─┴────┐┌┴─────┐┌┴─────┐┌┴─────┐┌┴─────┐
│现场调││POI信息││位置标││导向标││信息索││安全劝││公共信│
│研照片││维护  ││志自动││志自动││引标志││阻标志││息导向│
│整理  ││      ││生成  ││生成  ││自动生││自动生││系统方│
│      ││      ││      ││      ││成    ││成    ││案汇编│
└──────┘└──────┘└──────┘└──────┘└──────┘└──────┘└──────┘
```

图 3-63 公共信息导向系统智能规划工具的功能模块

资料来源：作者自绘。

以下为公共信息导向系统智能规划工具的成果展示（见图3-64、图3-65、图3-66、图3-67、图3-68、图3-69）。

图3-64　现场调研照片整理示例

资料来源：作者根据内部工作平台整理。

图3-65　位置标志生成示例

资料来源：来自"公共信息图形符号"国家标准（GBT 10001.1-2001）中示例图。

图 3-66　位置标志生成示例

资料来源：来自"公共信息图形符号"国家标准（GBT 10001.1-2001）中示例图。

图 3-67　信息标志索引生成示例

资料来源：来自"公共信息导向系统设置原则与要求第 8 部分：宾馆和饭店"的国家标准。

图 3-68　安全劝阻标志索引生成示例

资料来源：来自"公共信息图形符号"国家标准（GBT 10001.1-2001）中示例图。

图 3-69　设计稿生成示例

资料来源：来自"公共信息图形符号"国家标准（GBT 10001.1-2001）中示例图。

2. 城市旅游区标志智能规划设计工具

城市旅游区标志智能规划设计工具是结合地理信息系统及人工智能大数据等技术来规划、布点、排版设计城市旅游区标志系统方案。本工具由基于高德API 经纬度工具、城市布点运算工具、地理信息系统工具、基于 CorelDARW VBA 的标牌生成工具四个子工具构成（见图 3-70）。

城市旅游区标志智能规划设计工具通过调取高德地图 API 数据，智能规划从城市出入口到达各个旅游目的地的路径，结合地理信息系统计算并找出关键路口作为布点的位置。工具计算出该位置的旅游标牌版面的内容、方向、距离等信息，最终将信息导出为旅游区标志信息表。通过游区标志信息表结合 CorelDraw 软件标牌生成器生成最终设计稿（见图 3-71）。

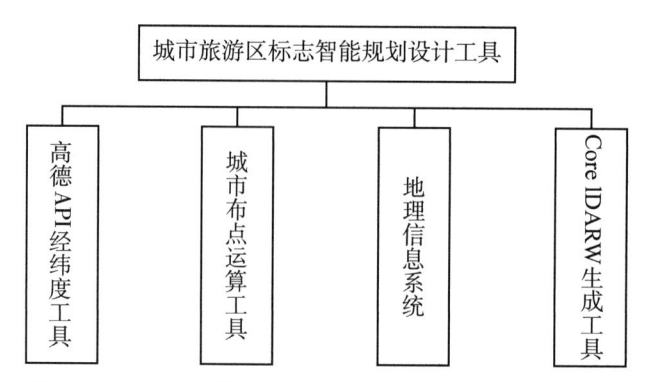

图 3-70　城市旅游区标志只能规划设计工具构成

资料来源：作者自绘。

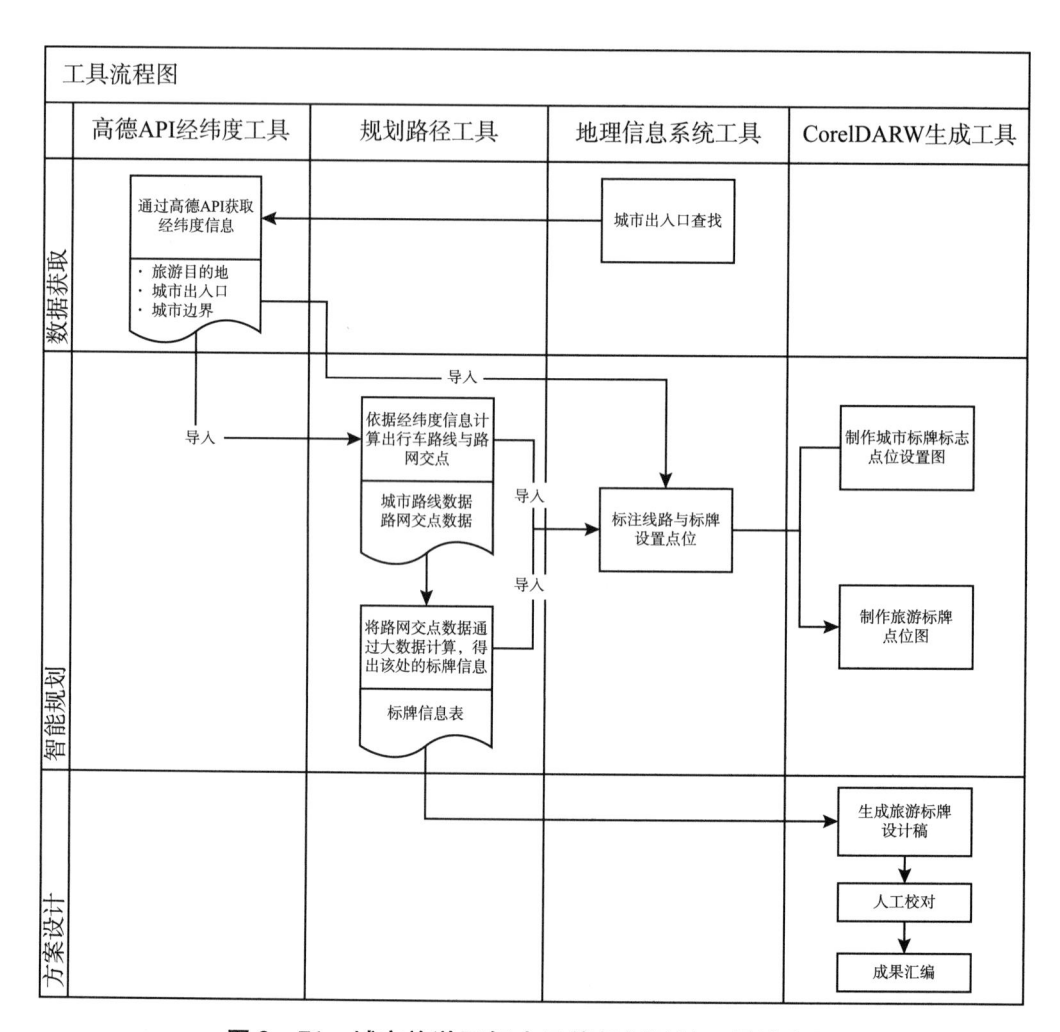

图 3-71　城市旅游区标志只能规划设计工具流程图

资料来源：作者自绘。

城市公共信息导向系统智能规划工具主要是解决了在一个城市内错综复杂的路网中，如何准确地找到关键节点设置旅游区标志，依据道路的级别智能识别设置何种旅游区标志，智能规划标志版面大小及内容。该系统包括"智能寻路布点、查找关键路口、标牌版面内容测算、标牌版面内容生成、设计稿方案生成、城市导向系统方案汇编"等功能（见图3-72）。

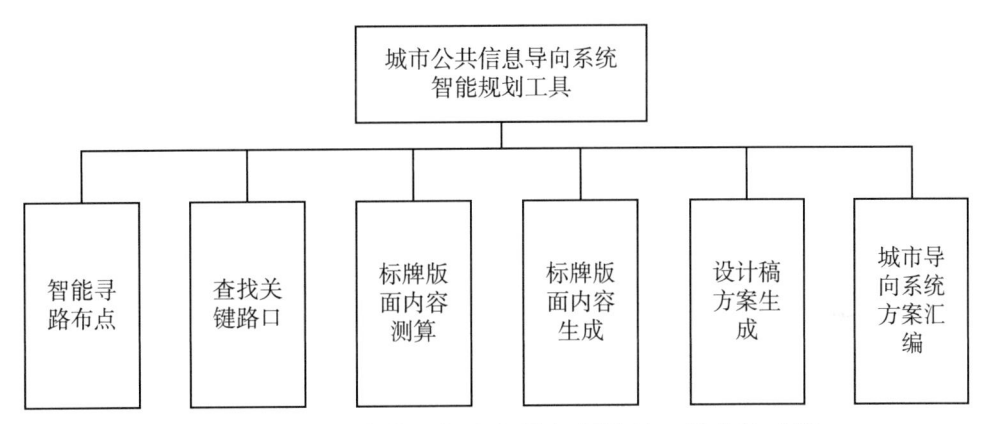

图3-72 城市旅游区标志智能规划设计工具关键功能

资料来源：作者自绘。

下列为城市旅游区标志智能规划设计工具成果展示（见图3-73）：

（a）高速公路、一般公路版面设计示例

（b）高速公路、一般公路版面设计示例

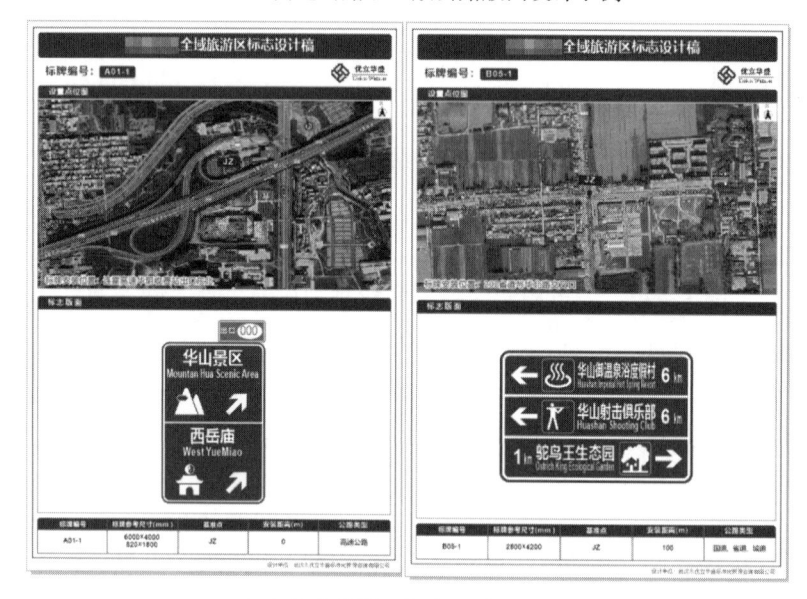

（c）城市旅游区标志设计稿设计示例

图 3-73　城市旅游区标志智能规划设计工具部分成果展示

资料来源：来自本书团队咨询设计案例。

四、试点企业标准化诊断工具

（一）工具开发背景

本部分主要对试点企业标准化诊断工具进行说明。该工具于 2014 年开展研发，主要针对试点单位的管理架构、企业标准体系构建的工作进行开发，至今已为标准化创建工作多地区投入使用，共计为 2 000 余家企业提供诊断服务。工具在投入使用的过程中根据用户需求持续升级，帮助企业完善企业标准建设、优化企业标准化实施效果。

工具根据《旅游企业标准体系指南》的要求进行设计，通过组织架构采集工具、企业标准化管理体系分类工具、企业标准体系诊断工具分别对企业当前的组织架构、管理框架、体系细则进行系统梳理和诊断，明确试点单位自身标准体系建设问题，为试点单位对自身标准体系的编制修订完善提供坚实的基础。

（二）试点单位管理工具

该工具主要针对旅游标准化试点单位的标准体系进行管理。工具基于 Excel VBA 进行开发，由开发人员将工具嵌入至 Excel 开发，方便用户操作和提高用户体验，有效降低数据采集问题，最大限度地提高了使用性和适应性。

1. 企业组织机构职能生成工具

企业组织机构职能生成工具可以帮助技术人员进行标准化的数据采集，规范输入、输出，并自动化地进行可视化呈现，并根据通用的数据结构生成格式化的表格。对旅游单位的管理架构进行梳理，厘清企业的组织结构、岗位、层级，并依据此内容推导出各岗位的角色及权限（见图 3 - 74）。

操作步骤

- 该工具的使用大致分为以下三个步骤：

- 填写企业名称
  - 企业中文全称
  - 企业英文缩写

+ 填写部门信息
  - 部门名称
  - 链接上级
  - 填写岗位信息

+ 生成导入表
  - 部门信息采集表
  - 岗位信息采集表
  - 用户信息采集表

图 3 - 74　组织架构采集工具操作步骤说明

资料来源：作者自绘。

2. 组织架构采集

采集组织架构将遵循由上至下的原则，帮助企业对照自身实际工作情况由决策层→管理层→执行层→操作层的顺序帮助企业梳理管理情况（见图3-75）。

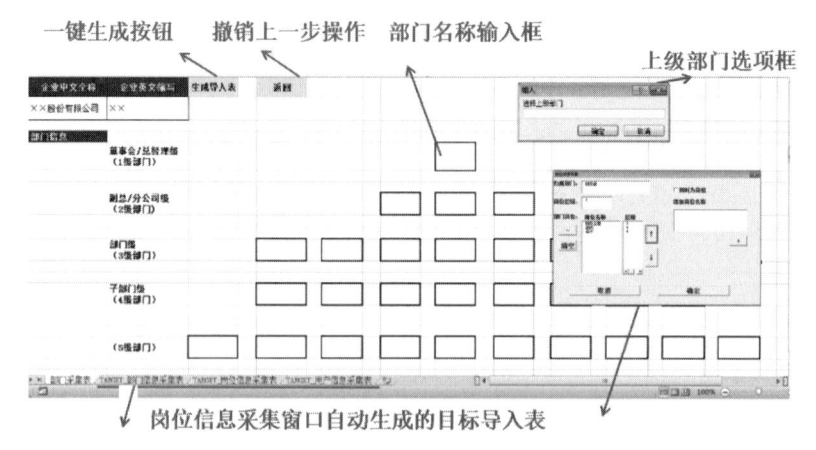

图3-75 组织架构采集界面

资料来源：作者根据内部工作平台整理。

（1）组织架构数据采集步骤一。

工具首先将采集企业主要决策层岗位信息，在界面（见图3-76）对应的"部门名称输入框"中填写1级部门和2级岗位或部门信息，明确企业决策层管理模式，按照顺序依次采集管理层、执行层、操作层岗位和部门信息。通过主界面展现企业完整管理架构情况。

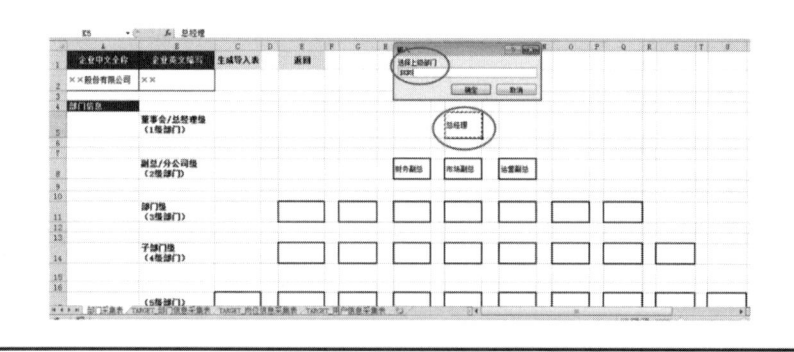

图3-76 组织架构采集界面

资料来源：作者根据内部工作平台整理。

(2) 组织架构数据采集步骤二。

通过明确企业管理架构后，后续系统将补充和明确部门管理层和执行层信息逐步完善架构填写部门及岗位信息，通过点击部门名称，确立管理层级及部门属性（见图3-77）。

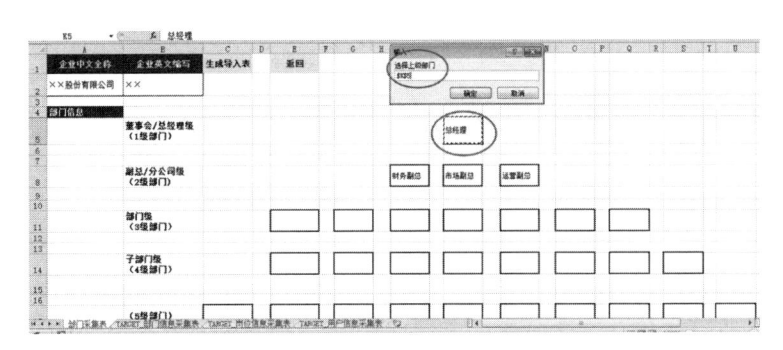

图3-77 部门级别栏界面

资料来源：作者根据内部工作平台整理。

(3) 组织架构数据采集步骤三。

通过点击部门或岗位栏在确认栏（见图3-78）确认部门级别，根据级别确认管理权限，在确认管理级别后，通过再次点击则需确认部门的属性，明确管理层级。

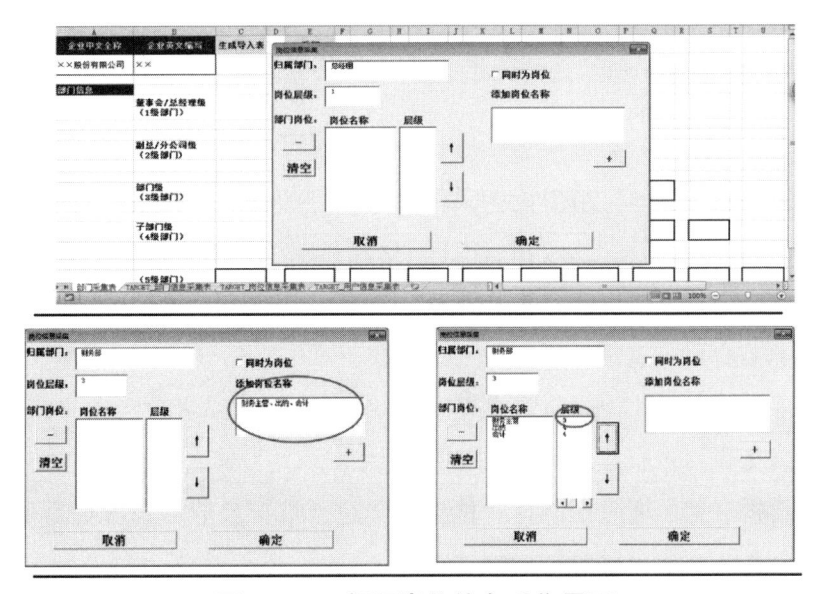

图3-78 部门岗位信息采集界面

资料来源：作者根据内部工作平台整理。

通过上述方式逐一确认企业管理角色及部门情况，最终完成企业管理框架采集工作，此工具将根据实际数据进行采集，帮助企业完成管理框架的建设，为企业标准体系实施奠定基础。

3. 企业标准体系分类工具

企业标准体系分类工具将严格以《旅游企业标准体系指南》为标准，依据标准内管理体系框架（见图3-79），搭建企业自身的标准体系框架，工具通过企业现有的管理架构管理文件进行分类，分析企业管理水平，结合各类标准以及各项标准之间的联系，将标准与各管理层进行关联。

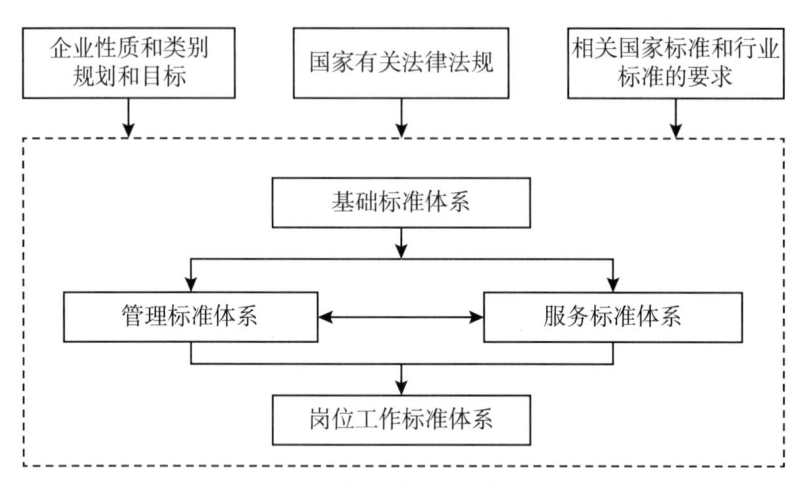

图3-79　标准体系总体结构图

资料来源：作者自绘。

企业标准体系工具与组织架构采集工具进行数据交互，通过将采集的企业管理架构数据进行导入，读取企业管理架构信息对照企业管理体系进行梳理分类，准确体现企业管理体系管理现状。

（1）企业标准化管理体系分类工具步骤一。

打开工具首先导入企业的管理架构，点击图（见图3-80）中"STEP1：点我导入对接文件"将企业管理架构与管理体系分类工具进行交互，工具会读取企业管理架构信息，从而帮助企业根据实际运营情况及业务情况进行后续标准体系管理分类。

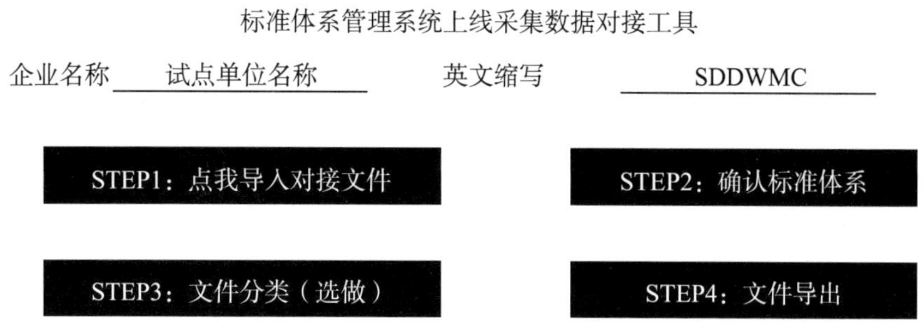

标准体系管理系统上线采集数据对接工具

企业名称　　试点单位名称　　　　英文缩写　　　SDDWMC

STEP1：点我导入对接文件　　　　STEP2：确认标准体系

STEP3：文件分类（选做）　　　　STEP4：文件导出

图 3-80　标准体系主界面

资料来源：作者根据内部工作平台整理。

（2）企业标准化管理体系分类工具步骤二。

按照《旅游企业标准体系指南》内框架要求，系统将标准体系框架进行整合并搭建在工具内，企业根据自身经营项目及行业特性进行完善和更改，在系统界面内企业可根据自身实际情况进行修改，作为企业自身搭建更符合实际的框架板块（见图 3-81）。

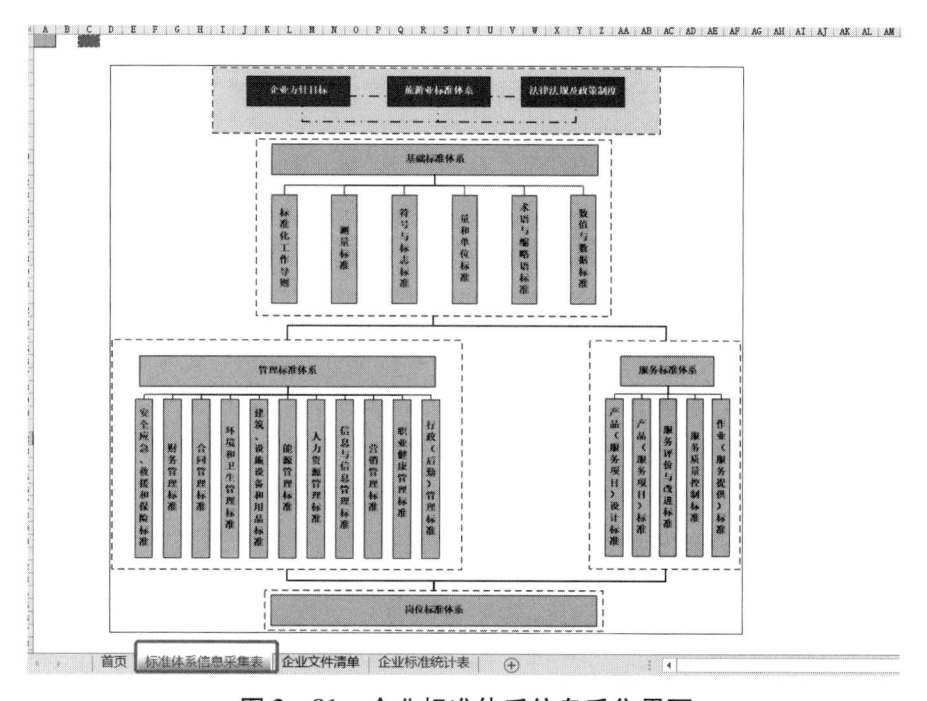

图 3-81　企业标准体系信息采集界面

资料来源：作者根据内部工作平台整理。

（3）企业标准化管理体系分类工具步骤三。

在完成企业标准体系建设基础工作后，将企业管理体系文件进行导入，将企业管理文件与执行岗位进行匹配，通过对文件属性、岗位工作职责以及标准共性按照一定的内在联系和依存关系分析企业管理体系框架简况情况以及企业岗位工作职责和权限的再编制（见图3－82）。

	A	B	C	D	E	F	G	H
1	文件名称	执行岗位（双击同步）	子标准体系	文件级别	参考值	本地地址	数量值	序号值
2	下发员工劳动合同工作流程	ALL!行政人力资源部	人力资源管理标准		人力资源部SOP文件（2(		1	1
3	与员工沟通工作流程	ALL!行政人力资源部	人力资源管理标准		人力资源部SOP文件（2(		1	1
4	业余函授学习流程	ALL!行政人力资源部	人力资源管理标准		人力资源部SOP文件（2(		1	1
5	临时工招聘工作流程	ALL!行政人力资源部	人力资源管理标准		人力资源部SOP文件（2(		1	1
6	交叉培训流程	ALL!行政人力资源部	人力资源管理标准		人力资源部SOP文件（2(		1	1
7	交接班工作流程	ALL!行政人力资源部	人力资源管理标准		人力资源部SOP文件（2(		4	1
8	人事主管每天工作流程	ALL!行政人力资源部	人力资源管理标准		人力资源部SOP文件（2(		1	1
9	人事文员每天工作流程	ALL!行政人力资源部	人力资源管理标准		人力资源部SOP文件（2(		1	1
10	人员招聘工作流程	ALL!行政人力资源部	人力资源管理标准		人力资源部SOP文件（2(		1	1
11	人才储备工作流程	ALL!行政人力资源部	人力资源管理标准		人力资源部SOP文件（2(		1	1
12	仪容仪表及礼仪检查工作流程	ALL!行政人力资源部	人力资源管理标准		人力资源部SOP文件（2(		1	1
13	会议纪要工作流程	ALL!行政人力资源部	人力资源管理标准		人力资源部SOP文件（2(		1	1
14	入职培训流程	ALL!行政人力资源部	人力资源管理标准		人力资源部SOP文件（2(		1	1
15	制服遗失补领工作流程	ALL!行政人力资源部	人力资源管理标准		人力资源部SOP文件（2(		1	1
16	办理入住员工宿舍手续工作流程	ALL!行政人力资源部	人力资源管理标准		人力资源部SOP文件（2(		1	1
17	办理失业保险工作流程	ALL!行政人力资源部	人力资源管理标准		人力资源部SOP文件（2(		1	1
18	办理退员工宿舍手续工作流程	ALL!行政人力资源部	人力资源管理标准		人力资源部SOP文件（2(		1	1
19	加班申请工作流程	ALL!行政人力资源部	人力资源管理标准		人力资源部SOP文件（2(		1	1
20	劳动争议处理工作流程	ALL!行政人力资源部	人力资源管理标准		人力资源部SOP文件（2(		1	1
21	单方解除员工工作流程	ALL!行政人力资源部	人力资源管理标准		人力资源部SOP文件（2(		1	1
22	印名片工作流程	ALL!行政人力资源部	人力资源管理标准		人力资源部SOP文件（2(		1	1
23	各类呈文工作流程	ALL!行政人力资源部	人力资源管理标准		人力资源部SOP文件（2(		1	1
24	员工争议内部调解工作流程	ALL!行政人力资源部	人力资源管理标准		人力资源部SOP文件（2(		1	1
25	员工休年假工作流程	ALL!行政人力资源部	人力资源管理标准		人力资源部SOP文件（2(		1	1
26	员工体检工作流程	ALL!行政人力资源部	人力资源管理标准		人力资源部SOP文件（2(		1	1
27	员工入职工作流程	ALL!行政人力资源部	人力资源管理标准		人力资源部SOP文件（2(		1	1
28	员工办理社保工作流程	ALL!行政人力资源部	人力资源管理标准		人力资源部SOP文件（2(		1	1
29	员工办理离店工作流程	ALL!行政人力资源部	人力资源管理标准		人力资源部SOP文件（2(		1	1

图3－82　企业标准体系及岗位分类界面

资料来源：作者根据内部工作平台整理。

（三）企业标准体系诊断工具

企业标准体系诊断工具设计功能主要包括：法律法规分配功能、企业标准化管理框架诊断、企业岗位标准实施情况诊断等功能，运用信息化手段，提炼出健全的管理架构，建设优化的标准制定手段，从技术手段帮助试点单位解决标准化工作面临着内生动力不足、标准制定脱离实际、重制定轻执行等实际问题，借助信息化的先进技术和手段实现企业快速发展。

企业标准体系诊断工具，充分发挥标准化管理体系建设的技术创新、管理效率提升和促进企业运营升级的作用，最大限度地提高企业自身管理情况，从而推进试点单位的管理策划、分析、设计、建立、实施、评估工作的开展，全面加快标准体系框架升级。

1. 企业标准体系框架诊断功能

工具按照《旅游企业标准体系指南》中体系框架图（见图3－83）作为诊

断依据，以企业自身方针目标、行业标准体系和法律法规作为报监理企业标准体系的依据，通过对基础标准体系、管理标准体系、服务标准体系、岗位标准体系作为第一层标准体系板块，其中标准化工作导则、测量标准、符号与标志标准、量和单位标准、术语与缩略语标准、安全应急、救援和保险标准、财务管理标准、合同管理标准、环境和卫生管理标准、建筑、设施设备和用品标准、能源管理标准、人力资源管理标准、信息与信息管理标准、营销管理标准、职业健康管理标准、行政（后勤）管理标准、产品（服务项目）标准、产品（服务项目）设计标准、服务评价与改进标准、服务质量控制标准、作业（服务提供）标准、岗位标准作为第二层子标准体系，根据框架对企业标准体系进行审核分类后，工具查看企业缺失标准体系项，诊断企业自身管理运营缺失标准。

图 3-83　企业标准体系框架诊断工具界面

资料来源：作者根据内部工作平台整理。

2. 企业标准编号生成功能

系统通过对管理体系框架分类以及管理岗位诊断后，按照《旅游企业标准体系指南》标准编号原则，通过系统自动运算帮助企业生成标准编号，根据图 3-84 标准进行准确生成企业标准体系编号。

企业标准代号用字母"Q"代表。企业名称代号××表示××××有限公司，"Q"与"××"之间以斜线"/"分开。Q/××和标准代号间空一个字节，其余连续书写。完整的标准编号格式：

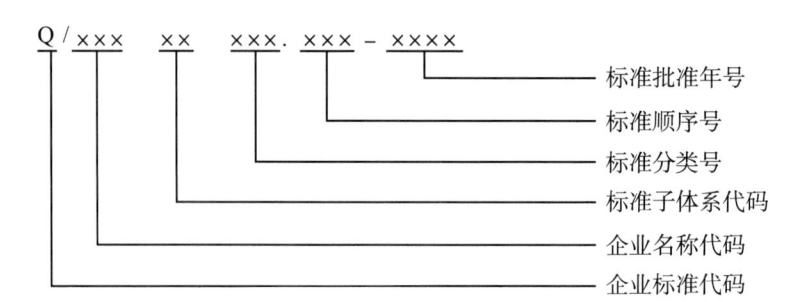

```
Q/×××  ××  ×××.×××-××××
                    │   │   │    └── 标准批准年号
                    │   │   └────── 标准顺序号
                    │   └────────── 标准分类号
                    └────────────── 标准子体系代码
         └──────────────────────── 企业名称代码
    └───────────────────────────── 企业标准代码
```

图 3-84　旅游企业标准编号结构图

资料来源：来自本书团队咨询设计案例。

通过工具标准体系明细表界面（见图 3-85）点击标准前一列，工具将根据企业名称、管理框架分类、文件优先级进行运算，自动生成企业编号代码、名称代码、子体系代码、分类号、顺序号和标准年号。

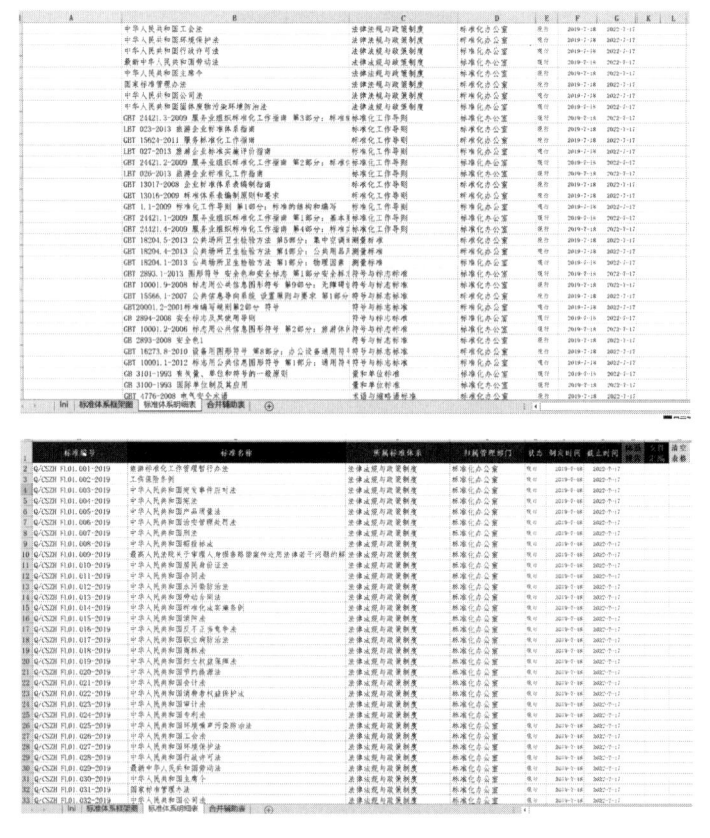

图 3-85　标准编号生成界面

资料来源：作者根据内部工作平台整理。

3. 生成标准诊断报告功能

工具将根据企业提供的管理架构、标准体系框架及标准体系文件进行计算分析，通过技术手段和标准要求进行数据整合，根据《旅游企业标准体系指南》要求编制符合企业自身的标准体系框架、企业标准明细表、标准统计表、标准体系编制说明、标准实施责任表。

工具生成企业自身管理标准体系框架将符合企业管理主要过程和要求，根据企业自身行业特性进行调整，子标准体系根据企业自身特点和管理模式进行系统化调整，帮助企业搭建科学的管理架构图（见图3-86）。

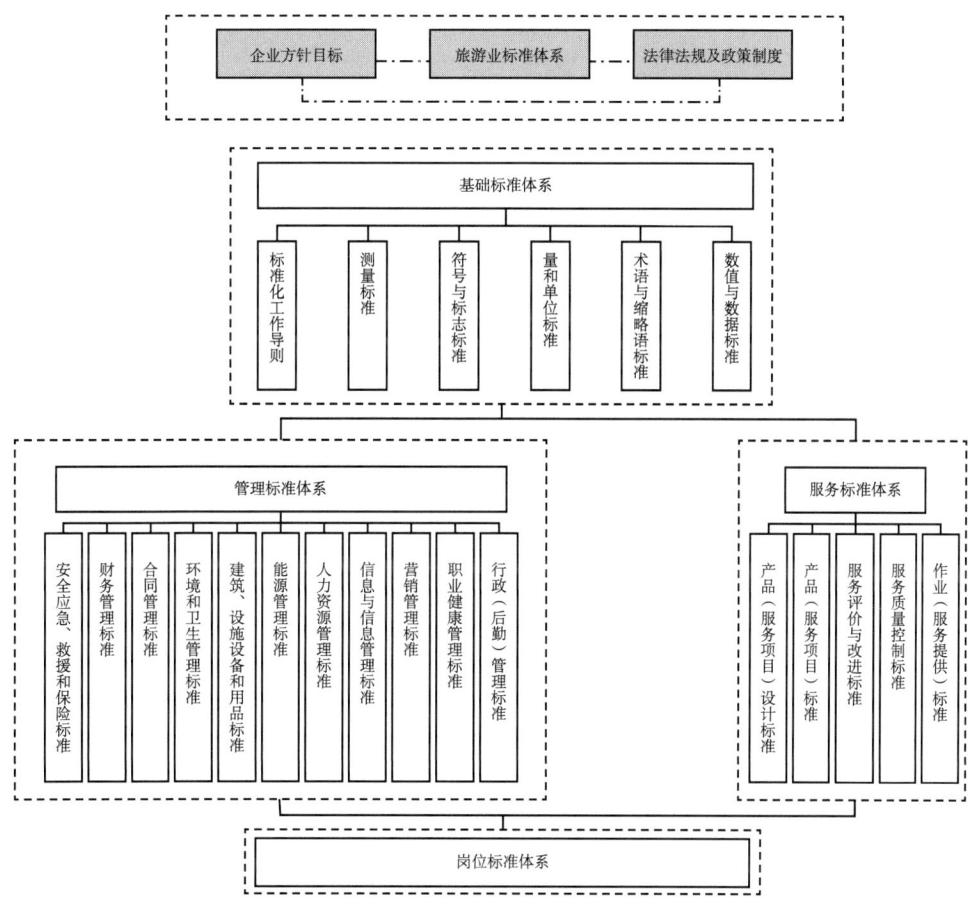

图3-86 企业标准体系框架诊断示例图

资料来源：作者根据内部工作平台整理。

（1）企业标准明细表。

在工具生成的企业标准明晰表内根据标准要求包含企业标准编号、企业标准体系文件、标准实施部门、上级标准清单和标准实施状态，清晰展现企业标准实施现状，通过明确岗位需实施标准科学性地分析企业自身管理情况，企业可根据明细表标准实施情况完善企业管理和规范运行流程（见图3-87）。

三、企业标准明细表

标准编号	标准名称	所属标准体系	状态
FL01-001-2019	旅游标准化工作管理暂行办法	法律法规与政策制度	现行
FL01-002-2019	工伤保险条例	法律法规与政策制度	现行
FL01-003-2019	中华人民共和国突发事件应对法	法律法规与政策制度	现行
FL01-004-2019	中华人民共和国宪法	法律法规与政策制度	现行
FL01-005-2019	中华人民共和国产品质量法	法律法规与政策制度	现行
FL01-006-2019	中华人民共和国治安管理处罚法	法律法规与政策制度	现行
FL01-007-2019	中华人民共和国刑法	法律法规与政策制度	现行
FL01-008-2019	中华人民共和国招投标法	法律法规与政策制度	现行
FL01-009-2019	最高人民法院关于审理人身损害赔偿案件适用法律若干问题的解释	法律法规与政策制度	现行
FL01-010-2019	中华人民共和国居民身份证法	法律法规与政策制度	现行
FL01-011-2019	中华人民共和国合同法	法律法规与政策制度	现行
FL01-012-2019	中华人民共和国水污染防治法	法律法规与政策制度	现行
FL01-013-2019	中华人民共和国劳动合同法	法律法规与政策制度	现行
FL01-014-2019	中华人民共和国标准化法实施条例	法律法规与政策制度	现行
FL01-015-2019	中华人民共和国消防法	法律法规与政策制度	现行
FL01-016-2019	中华人民共和国反不正当竞争法	法律法规与政策制度	现行
FL01-017-2019	中华人民共和国职业病防治法	法律法规与政策制度	现行
FL01-018-2019	中华人民共和国商标法	法律法规与政策制度	现行
FL01-019-2019	中华人民共和国妇女权益保障法	法律法规与政策制度	现行
FL01-020-2019	中华人民共和国节约能源法	法律法规与政策制度	现行
FL01-021-2019	中华人民共和国会计法	法律法规与政策制度	现行

图3-87 企业标准明细表实际示例图

资料来源：作者根据相关资料整理。

（2）企业标准统计表。

对企业现状所需实施的国家标准、行业标准、地方标准和企业标准项相关标准实施情况进行统计，对各项标准的实施数量进行把控，了解企业自身各项标准实施薄弱点，对各项标准体系健康情况以数据化形式进行把控，对企业自身管理薄弱点进行加强标准制定（见图3-88）。

二、企业标准统计表

1. 法律法规与政策制度。

企业所有标准与以下法律法规相协调。法律法规及政策制度覆盖企业经营、旅游投诉管理、环境卫生、经济纠纷处理等方面，统计情况详见下表。

标准层级	文件数量
法律法规及政策制度	33

表1 法律法规及政策制度统计表

2. 基础标准体系。

基础标准体系集合了以下对企业标准化工作具有基础和通用指导意义的标准，覆盖标准化工作方向、术语与缩略语、符号与标志、数值数据、量单位及测量6个方面，统计情况详见下表。

子标准体系	文件数量
标准化工作导则	11
测量标准	3
符号与标志标准	9
量和单位标准	3
术语与缩略语标准	11
合计	37

表2 基础标准体系统计表

图3-88 企业标准统计表部分实际示例图

资料来源：作者根据相关资料整理。

（3）标准体系编制说明。

工具将企业标准编制的相关国家标准进行整合，分析判断企业行业特性提供旅游标准体系的构建所需的标准，快速帮助企业索引标准体系完善与建设基础要素，严格实施国家和行业标准、加快完善企业标准，从而降低企业标准学习的难度（见图3-89）。

三、本次标准体系建设参考引用为下列国家及行业标准。

标准号	标准名称
GB/T 1.1-2009	标准化工作导则第1部分：标准的结构和编写规则
GB/T 20001.1-2001	标准编写规则第1部分：术语
GB/T 20001.2-2001	标准编写规则第2部分：符号
GB/T 24421.1-2009	服务业组织标准化工作指南第1部分：基本要求
GB/T 24421.2-2009	服务业组织标准化工作指南第2部分：标准体系
GB/T 24421.3-2009	服务业组织标准化工作指南第3部分：标准编写
GB/T 24421.4-2009	服务业组织标准化工作指南第4部分：标准实施及评价
GB/T 10112-1999	术语工作原则与方法
GB/T 20000.1-2002	标准化工作指南 第1部分：标准化和相关活动的通用词汇
GB/T 20000.2-2002	标准化工作指南 第2部分：采用国际标准
GB/T 20000.3-2003	标准化工作指南 第3部分：引用文件
GB/T 20000.4-2002	标准化工作指南 第4部分：标准中涉及安全的内容
GB/T 20000.6-2006	标准化工作指南 第6部分：标准化良好行为规范
GB/T 15624-2011	服务标准化工作指南
GB/T 16766-2010	旅游业基础术语

图3-89 企业标准体系编制相关标准实际示例图

资料来源：作者根据相关资料整理。

(4) 企业标准体系诊断。

首先，企业标准体系缺失情况诊断是本工具的主要核心功能，运行逻辑与标准的评估、反馈、框架等程序，动态进行审核，结果充分反映了企业标准体系的整体情况，对照企业实际管理架构与标准化管理体系执行情况，告知企业标准体系管理缺失项，根据诊断结果促进旅游标准化体系的逐步完善，推动旅游标准化体系建设。其次，促进企业旅游标准体系的构建，能够助力企业有效对旅游标准化指标的覆盖面进行进一步完善（见图3-90）。

四、企业健康审核表

企业标准体系缺失项
采购和仓储管理标准
合同管理标准
环境和卫生管理标准
营销管理标准
能源管理标准
产品/服务项目标准
产品/服务项目设计标准
服务评价与改进标准

图3-90 企业标准体系审核情况实际示例图

资料来源：作者根据相关资料整理。

（四）企业跨职能流程智能分析工具

工具按照流程六大要素进行开发设计，分别是：资源、过程、结构、结果、对象和价值。流程是一项活动或一系列连续有规律的事项或行为进行的程序。

首先，绘制流程图时，为了提高流程图的逻辑性，将遵循以下七项工作原则：（1）遵循从左到右、从上到下的顺序排列；（2）流程图制定开始程序单一性，结尾项可多重设置；（3）菱形为判断符号，必须有"是和否（或Y和N）"两种处理结果，需要有两条箭头流出；且判断符号的上下端流入流出一般用"是（或Y）"，左右端流入流出用"否（或Y）"；同一流程图内；（4）并行流程应将流程放在同一高度；（5）必要时应采用标注，以此来清晰地说明流程，标注要用专门的标注符号；（6）流程活动方向同一路径的顺序应只有向单一方向进行；（7）流程图活动中如有其他已定义流程，直接运用子流程和泳道图来表达涉及多个主体的流程。

工具开发目的是通过流程图工具帮助试点单位将工作过程中复杂的、有问题的、重复的部分，多余的环节以及可以简化和标准化的地方都显示出来，有利于把复杂流程简单化，用来直观地描述一个工作过程的具体步骤图，工具使用图形表示流程思路，是一种极好的方法。通过一张简明的流程图，梳理工作流程的先后顺序，让策划、思考的思路更清晰，逻辑更顺畅，有助于流程的逻辑实现和有效解决实际问题，提高工作沟通效率。

标准化流程梳理功能如下：

（1）常规流程图搭建。

打开包含流程图工具的 Excel 程序表格，在新建工作流程，工具箱录入在【流程基本信息】窗体中录入流程基础信息。流程基础信息分为"流程名称""流程对象数量"两项参数，流程名称主要说明流程的工作事项，如"费用报销流程"，"对象数量"指直接参与该流程的数量，为整数值。确认工作流程（见图 3-91）。

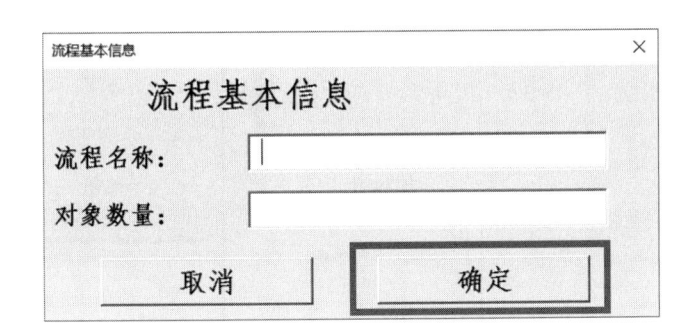

图 3-91　新建流程图工作项目界面

资料来源：作者根据内部工作平台整理。

（2）流程主体数据填写。

工具对梳理活动流程的先后顺序以从左至右开始记录，通过策划、思考以顺畅的逻辑顺序进行展现，有助于流程的逻辑实现和有效解决实际问题，确保流程记录的完整性。通过工具梳理、琢磨流程上的步骤和关键节点，可以快速发现之前执行过程中的遗漏之处，以便及时整改，保证后续方案执行的顺畅（见图 3-92、图 3-93）。

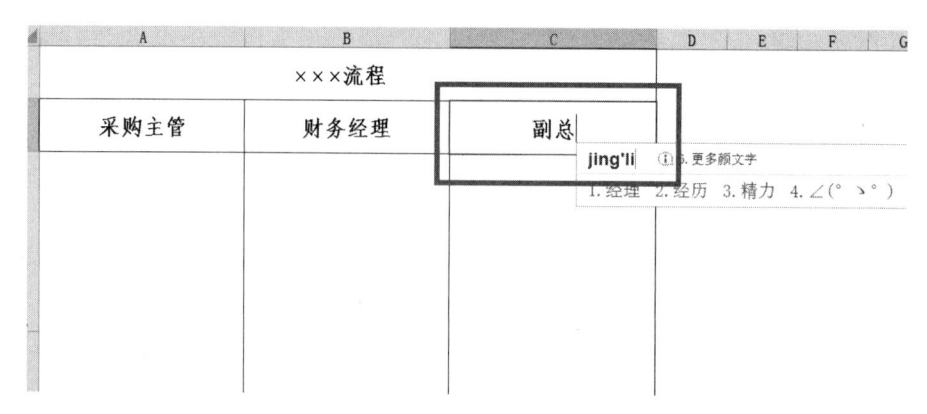

图 3-92　工具流程主体输入界面

资料来源：作者根据内部工作平台整理。

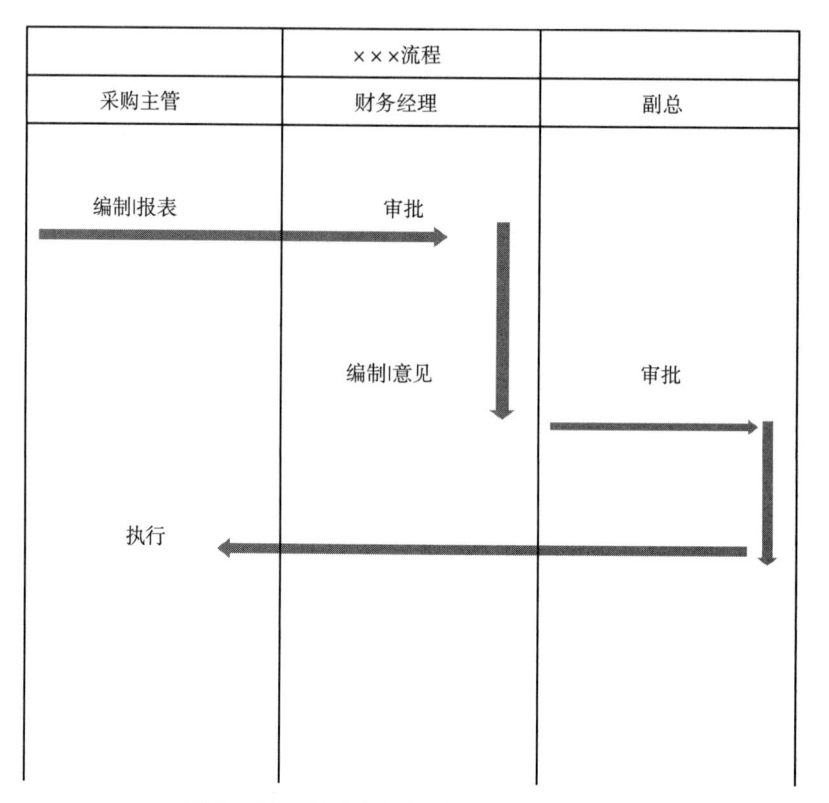

图 3-93　流程活动记录顺序要求界面

资料来源：作者根据内部工作平台整理。

（3）流程图自动生成。

工具在确认完各主体工作内容及参与注意信息后，可自动进行流程图的连接与梳理，按照从左至右的顺序，对用户各项流程活动进行后台数据运算，自动按照"流程图框含义介绍说明"进行设计构建，如流程活动为判断项，系统会自动生成菱形图框对此项活动进行确认，点击可自动生成流程图。运用工具设计图框来表示各种类型的操作，在框内写出各个步骤，然后用工作箭头的线进行连接，以表示执行的先后顺序，用图形表示执行步骤，十分直观形象，易于理解一个流程会把这些基本要素串联起来，例如，流程中资源的输入、流程中的活动、活动的结构，由谁执行，输出结果、流程最终创造的价值等（见图3-94、图3-95、图3-96）。

SN	图例	描述	举例
1	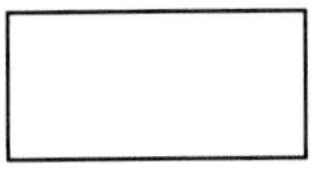 ▭	经历	例子1：核实库存 例子2：组织召开会议
2	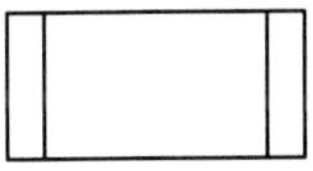 ▥	【子流程】，是一个企业中既定的流程，当活动走到此环节时，将跳转至子流程中，按照子流程既定的规则执行	例子1：【采购】 例子2：【开展培训】
3	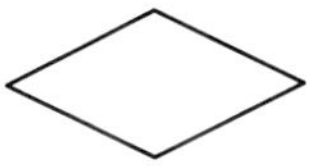 ◇	【判定】，是一个企业经营活动中涉及判定和授权审批的环节	例子1：审核 例子2：审批 例子3：是否大于10万元？
4	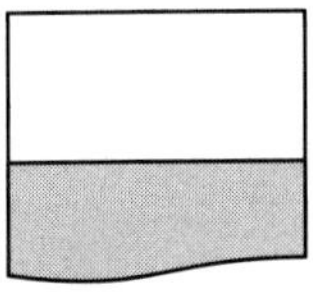 ▭	【产生表单的流程】，和【流程】一样，区别在于该活动会产生记录文件	例子1：编制财务报表｜财务报表 例子2：记录售票情况｜销售情况
5	是 否	流程中判定的内容	

图3-94　流程图框含义介绍说明

资料来源：来自本书团队设计案例。

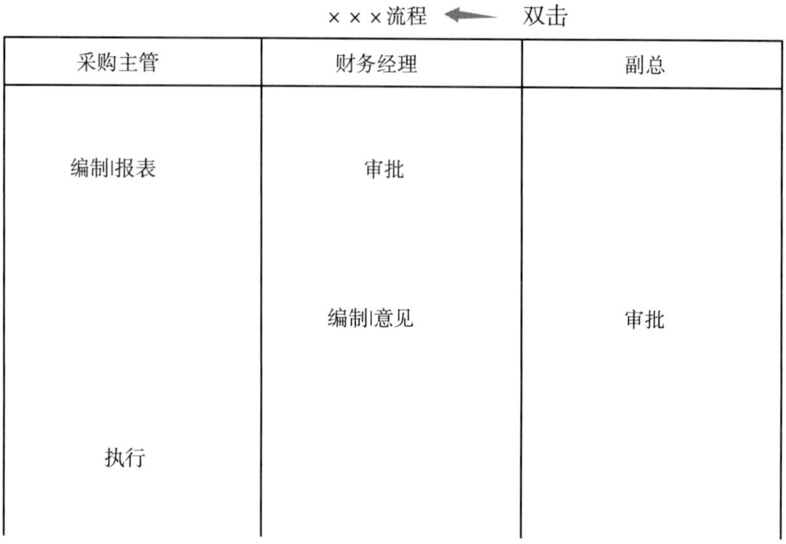

×××流程　← 双击

采购主管	财务经理	副总
编制报表	审批	
	编制意见	审批
执行		

图 3－95　流程图自动生成按钮说明界面

资料来源：来自本书团队设计案例。

×××流程		
采购主管	财务经理	副总
编制 报表	审批	
	编制 意见	审批
执行		

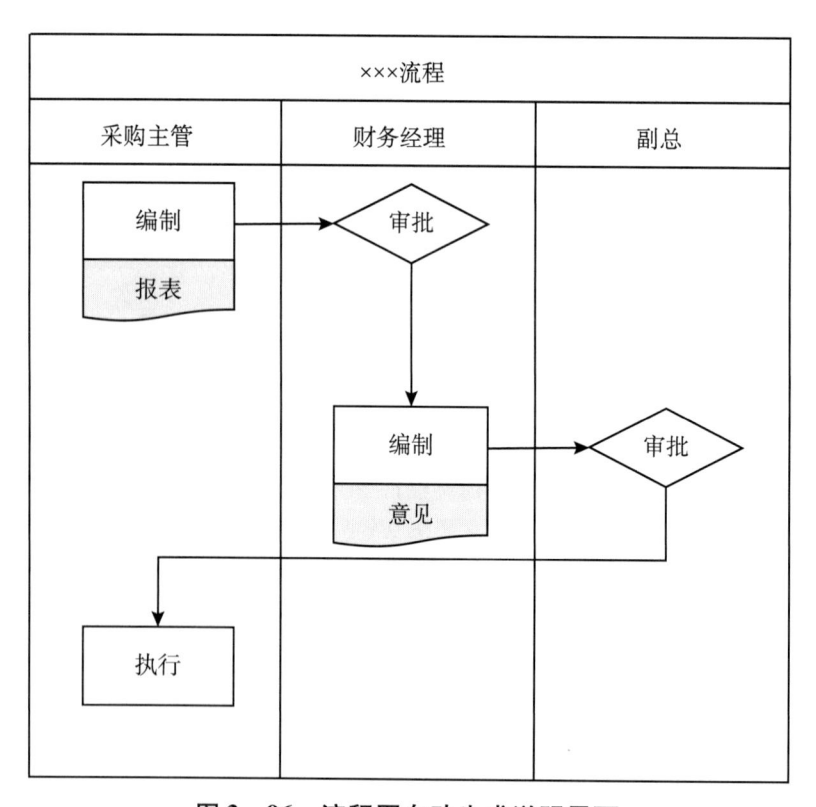

图 3－96　流程图自动生成说明界面

资料来源：来自本书团队设计案例。

(4) 其他辅助功能。

辅助功能—流程活动记录补充连线功能。该工具还可根据企业自身流程活动进行修改和新增，遵循一个流程从开始项开始，以结束项结束。而结束符号可出现多次时，可根据实际情况进行调整（见图 3-97）。

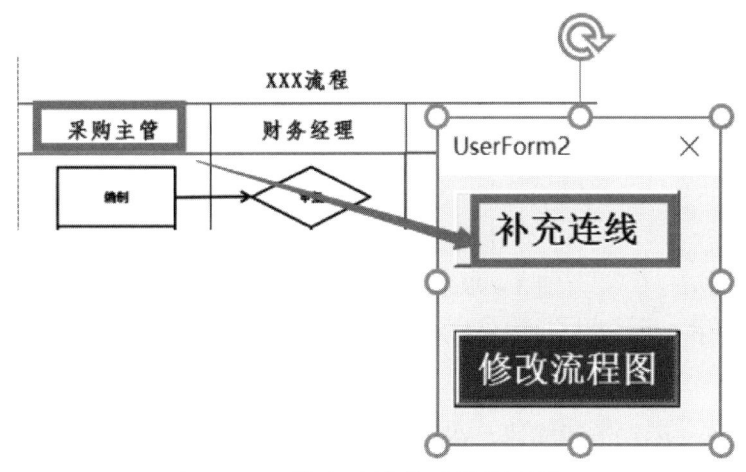

图 3-97　补充连接线功能说明界面

资料来源：作者根据内部工作平台整理。

辅助功能—流程主体快速导航功能。流程主题导航功能，主要帮助我们查漏补缺，避免活动流程、逻辑上出现遗漏，确保活动流程的完整性。通过对实施主体流程活动情况梳理、琢磨流程上的步骤和关键节点，可以快速发现之前执行过程中的遗漏之处，以便及时整改，保证后续方案执行的顺畅（见图 3-98）。

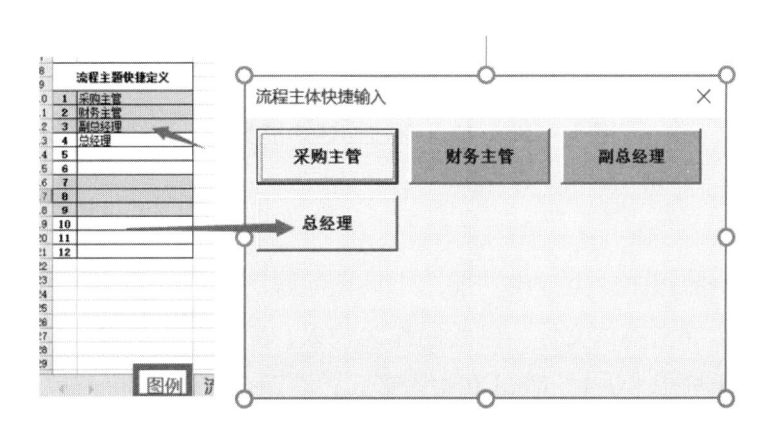

图 3-98　工具流程图主体导向界面

资料来源：作者根据内部工作平台整理。

辅助功能—增加流程主体。在企业自身运用管理过程中，会出现流程执行主体的变动，如主体的替换、新增、去除等情况，工具将提供增加功能，根据企业实际情况进行删减，确保流程的持续更新（见图3-99）。

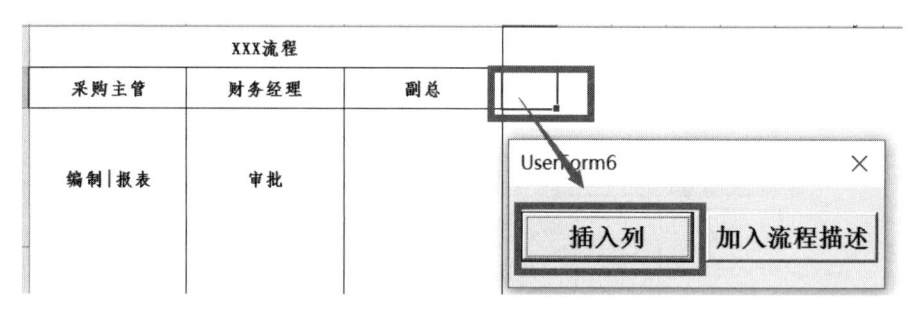

图3-99　流程图增减功能界面

资料来源：作者根据内部工作平台整理。

辅助功能—添加流程描述。在企业自身工作内容发生变动和工作内容需新增时，工具将提供流程描述新增功能，提供便捷的修改功能。便于企业后续进行反复执行或修改操作的流程结构（见图3-100）。

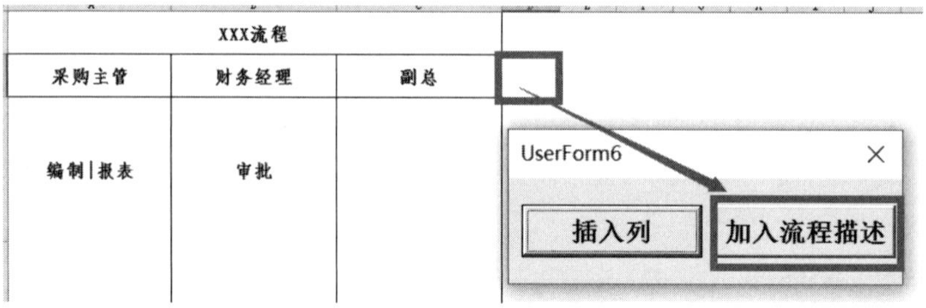

图3-100　加入流程描述功能界面

资料来源：作者根据内部工作平台整理。

辅助功能—流程图分类导出功能。工具在流程图绘制完成，还可将根据实施主体进行分类导出单体文件。已绘制作为输入，完成会之后输出单体流程框架。可根据需求导出Excel、Word和报告形式，帮助企业内部进行普及，确保流程真正落实到各个关键点，真正做到以图形表示执行步骤的形式，直观、简易的形式保障后续方案执行的顺畅（见图3-101）。

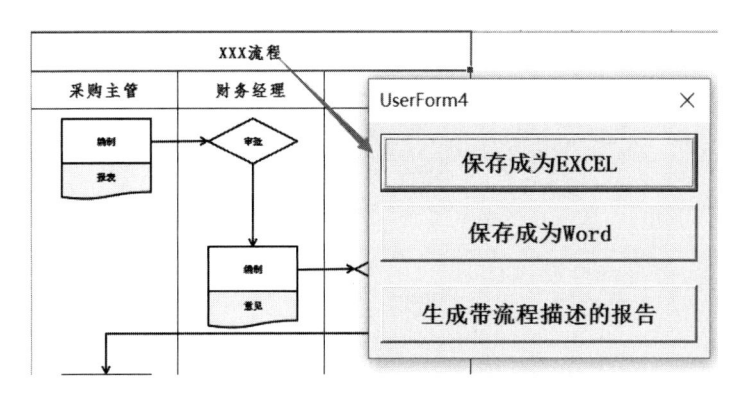

图 3–101　报告导出功能界面

资料来源：作者根据内部工作平台整理。

第四章
旅游标准化的中国实践

实践是人类社会的发源地，实践构成了社会生活的本质内容和现实基础，没有实践就没有我们生活在其中的现实世界，就没有在实践中得到生存和发展的主体，实践不仅创造出新的客体，而且能够创造出新的主体。实践是检验真理的唯一标准。只有去实践，才可能打开新世界的大门。

从实践中，再回到实践中去。旅游标准化的实施亦是如此，我们通过对旅游行业各项服务和管理方式方法的不断修正和总结，才有了这一系列的国标及行标。而现在，为了进一步促进和规范行业发展，使旅游业成为带动国民经济发展的一棵常青树，我们在政府的带领下，逐渐扩大全国旅游标准化创建工作的试点区域，逐渐加大旅游业标准实施力度，让各项标准在实践中去得到检验。

一、旅游相关的国家与行业标准

旅游业标准化逐渐成为规范旅游行业行为、加强行业管理、提高经营服务水平的重要手段，标准的宣传贯彻和实施归根结底是为了发挥协调和维护市场秩序、促进行业整体提升，进而带动社会经济全面发展的重要作用。正是由于旅游业标准化的建设，旅游市场的恶性价格竞争得到有效控制，旅游活动中损坏消费者利益的事件得以减少，旅游产品质量得到提升，从而增强了消费者的信心与体验感，提高了旅游产品的市场竞争力，从而提升了旅游企业的综合效益。

自 2014 年起，由原国家旅游局下发的《全国旅游标准化试点地区工作标准》中明显提出需加大旅游业标准实施工作的力度，这一要求使得各地区在创建过程中的标准实施工作面临巨大挑战。

（一）旅游类标准的分类

1. 按照实施必要性分类

根据《全国旅游标准化试点地区工作标准》中的分类，标准被分为必选标准和自选标准，其中必选标准有 20 项（见表 4-1），自选标准有 40 项（见表 4-2）。按照国家要求，必选标准 20 项须全部实施，自选标准 40 项选择 25 项实施，总计 45 项标准需要实施。凡是参与标准化创建的地区在实施标准时都必须满足以下 45 项标准。

表 4–1　　　　　　　　　　　　　必选标准表

序号	必选标准（200 分）	得分说明	得分
1	《城市公共厕所卫生标准》（GB/T 17217–1998）	(1) 共 20 项标准，若实施则采取扣分制，不实施则不得分； (2) 星级饭店、A 级景区、A 级厕所数量分别在全省（直辖市、自治区）排名前 3 的，各附加 10 分； (3) 随机现场检查，每处不符合扣 2 分，扣完为止	10
2	《旅游厕所质量等级的划分与评定》（GB/T 18973–2016）		10
3	《公共信息图形符号　第 1 部分：通用符号》（GB/T 10001.1–2012）		10
4	《标志用公共信息图形符号　第 2 部分：旅游休闲符号》（GB/T 10001.2–2006）		10
5	《公共信息导向系统设置原则与要求　第 1 部分：总则》（GB/T 15566.1–2007）		10
6	《公共信息导向系统设置原则与要求　第 8 部分：宾馆和饭店》（GB/T 15566.8–2007）		10
7	《城市旅游公共信息导向系统设置原则与要求》（GB/T 31382–2015）		10
8	《旅游景区质量等级的划分与评定》（GB/T 17775–2003）		10
9	《旅游景区数字化应用规范》（GB/T 30225–2013）		10
10	《旅游景区游客中心设置与服务规范》（GB/T 31383–2015）		10
11	《旅游景区公共信息导向系统设置规范》（GB/T 31384–2015）		10
12	《景区最大承载量核定工作导则》（LB/T 034–2014）		10
13	《旅游饭店星级的划分与评定》（GB/T 14308–2010）		10
14	《旅游餐馆设施与服务等级划分》（GB/T 26361–2010）		10
15	《旅游娱乐场所基础设施管理及服务规范》（GB/T 26353–2010）		10
16	《旅游购物场所服务质量要求》（GB/T 26356–2010）		10
17	《旅游信息咨询中心设置与服务规范》（GB/T 26354–2010）		10
18	《城市旅游集散中心等级划分与评定》（GB/T 31381–2015）		10
19	《导游服务规范》（GB/T 15971–2010）		10
20	《旅行社安全规范》（LB/T 028–2014）		10

资料来源：作者根据相关资料整理。

表 4-2　　　　　　　　　　自选标准表

序号	自选标准（250 分）（40 个里面选择 25 个）	得分说明	最高得分
1	《风景旅游道路及其游憩服务设施要求》（LB/T 025-2013）	（1）自选标准共40项，应根据本地区特点从中选择25项实施，每项10分； （2）所选标准若实施则采取扣分制，不实施则不得分； （3）随机现场检查，每处不符合扣2分，扣完为止	10
2	《绿道旅游设施与服务规范》（LB/T 035-2014）		10
3	《城市公共休闲服务与管理导则》（GB/T 28102-2011）		10
4	《城市中央休闲区服务质量规范》（GB/T 28003-2011）		10
5	《城乡休闲服务一体化导则》（GB/T 31172-2014）		10
6	《国家生态旅游示范区建设与运营规范》（GB/T 26362-2010）		10
7	《主题公园服务规范》（GB/T 26992-2011）		10
8	《山岳型旅游景区清洁服务规范》（GB/T 31706-2015）		10
9	《创意农业园区通用要求》（GB/Z 32339-2015）		10
10	《特色农业多功能开发与建设指南》（GB/Z 32450-2015）		10
11	《休闲露营地建设与服务规范　第1部分：导则》（GB/T 31710.1-2015）		10
12	《休闲露营地建设与服务规范　第2部分：自驾车露营地》（GB/T 31710.2-2015）		10
13	《休闲露营地建设与服务规范　第3部分：帐篷露营地》（GB/T 31710.3-2015）		10
14	《休闲露营地建设与服务规范　第4部分：青少年营地》（GB/T 31710.4-2015）		10
15	《实景演出服务规范　第1部分：导则》（GB/T 32941.1-2016）		10
16	《实景演出服务规范　第3部分：服务质量》（GB/T 32941.3-2016）		10
17	《自行车骑行游服务规范》（LB/T 036-2014）		10
18	《内河旅游船星级的划分与评定》（GB/T 15731-2015）		10
19	《海洋体验潜水服务规范》（GB/T 33539-2017）		10
20	《国家绿色旅游示范基地》（LB/T 048-2016）		10
21	《国家蓝色旅游示范基地》（LB/T 049-2016）		10

续表

序号	自选标准（250 分）（40 个里面选择 25 个）	得分说明	最高得分
22	《国家人文旅游示范基地》（LB/T 050－2016）		10
23	《国家康养旅游示范基地》（LB/T 051－2016）		10
24	《研学旅行服务规范》（LB/T 054－2016）		10
25	《红色旅游经典景区服务规范》（LB/T 055－2016）		10
26	《绿色旅游饭店》（LB/T 007－2015）		10
27	《文化主题旅游饭店基本要求与评价》（LB/T 064－2017）	（1）自选标准共40项，应根据本地区特点从中选择 25 项实施，每项 10 分；（2）所选标准若实施则采取扣分制，不实施则不得分；（3）随机现场检查，每处不符合扣 2 分，扣完为止	10
28	《旅游民宿基本要求与评价》（LB/T 065－2017）		10
29	《精品旅游饭店》（LB/T 066－2017）		10
30	《温泉企业服务质量等级划分与评定》（LB/T 016－2011）		10
31	《国家温泉旅游名镇》（LB/T 042－2015）		10
32	《温泉旅游服务质量规范》（LB/T 046－2015）		10
33	《旅游滑雪场质量等级划分》（LB/T 037－2014）		10
34	《旅游演艺服务与管理规范》（LB/T 045－2015）		10
35	《国际邮轮口岸旅游服务规范》（LB/T 017－2011）		10
36	《自驾游管理服务规范》（LB/T 044－2015）		10
37	《自驾游目的地基础设施与公共服务指南》（LB/T 061－2017）		10
38	《高尔夫管理服务规范》（LB/T 043－2015）		10
39	《旅游特色街区服务质量要求》（LB/T 024－2013）		10
40	《旅游客车设施与服务规范》（GB/T 26359－2010）		10

资料来源：作者根据相关资料整理。

2. 按照实施主体分类

国行标准分类除必选标准和自选标准外，还可以按照实施主体进行分类，具体可分为政府和企业。企业实施的标准是根据企业的行业形态和企业的实际情况确定；政府实施的标准需要根据现场实际情况确定（见表 4－3）。

表 4-3　　　　　　　　　　标准实施主体分类表

实施主体	标准名称	属性	基础
试点地区政府	《城市公共厕所卫生标准》（GB/T 17217-1998）	必选	
	《城市旅游公共信息导向系统设置原则与要求》（GB/T 31382-2015）	必选	需达到《公共信息图形符号　第1部分：通用符号》《标志用公共信息图形符号　第2部分：旅游休闲符号》《公共信息导向系统设置原则与要求　第1部分：总则》标准要求
	《旅游信息咨询中心设置与服务规范》（GB/T 26354-2010）	必选	
	《城市旅游集散中心等级划分与评定》（GB/T 31381-2015）	必选	需达到《公共信息图形符号　第1部分：通用符号》《标志用公共信息图形符号　第2部分：旅游休闲符号》标准要求
	《风景旅游道路及其游憩服务设施要求》（LB/T 025-2013）	自选	需达到《旅游信息咨询中心设置与服务规范》标准要求
	《绿道旅游设施与服务规范》（LB/T 035-2014）	自选	需达到《旅游信息咨询中心》《旅游厕所质量等级的划分与评定》《旅游景区公共信息导向系统设置规范》标准要求
旅行社	《公共信息图形符号　第1部分：通用符号》（GB/T 10001.1-2012）	必选	
	《标志用公共信息图形符号　第2部分：旅游休闲符号》（GB/T 10001.2-2006）	必选	
	《公共信息导向系统设置原则与要求　第1部分：总则》（GB/T 15566.1-2007）	必选	
	《导游服务规范》（GB/T 15971-2010）	必选	
	《旅行社安全规范》（LB/T 028-2014）	必选	

续表

实施主体	标准名称	属性	基础
景区	《公共信息图形符号 第1部分：通用符号》（GB/T 10001.1－2012）	必选	
	《标志用公共信息图形符号 第2部分：旅游休闲符号》（GB/T 10001.2－2006）	必选	
	《公共信息导向系统设置原则与要求 第1部分：总则》（GB/T 15566.1－2007）	必选	
	《旅游景区公共信息导向系统设置规范》（GB/T 31384－2015）	必选	
	《旅游厕所质量等级的划分与评定》（GB/T 18973－2016）	必选	
	《旅游景区质量等级的划分与评定》（GB/T 17775－2003）	必选	需达到《旅游景区游客中心设置与服务规范》《旅游厕所质量等级的划分与评定》标准要求
	《旅游景区游客中心设置与服务规范》（GB/T 31383－2015）	必选	需达到《旅游厕所质量等级的划分与评定》标准要求
	《景区最大承载量核定工作导则》（LB/T 034－2014）	必选	
	《旅游景区数字化应用规范》（GB/T 30225－2013）	必选	
饭店	《公共信息图形符号 第1部分：通用符号》（GB/T 10001.1－2012）	必选	
	《标志用公共信息图形符号 第2部分：旅游休闲符号》（GB/T 10001.2－2006）	必选	

续表

实施主体	标准名称	属性	基础
饭店	《公共信息导向系统设置原则与要求 第1部分：总则》（GB/T 15566.1-2007）	必选	
	《公共信息导向系统设置原则与要求 第8部分：宾馆和饭店》（GB/T 15566.8-2007）	必选	
	《旅游饭店星级的划分与评定》（GB/T 14308-2010）	必选	
	《绿色旅游饭店》（LB/T 007-2015）	自选	
	《精品旅游饭店》（LB/T 066-2017）	自选	需达到《旅游饭店星级的划分与评定》《绿色旅游饭店》A级标准要求
餐饮	《公共信息图形符号 第1部分：通用符号》（GB/T 10001.1-2012）	必选	
	《标志用公共信息图形符号 第2部分：旅游休闲符号》（GB/T 10001.2-2006）	必选	
	《公共信息导向系统设置原则与要求 第1部分：总则》（GB/T 15566.1-2007）	必选	
	《旅游餐馆设施与服务等级划分》（GB/T 26361-2010）	必选	
娱乐	《公共信息图形符号 第1部分：通用符号》（GB/T 10001.1-2012）	必选	
	《标志用公共信息图形符号 第2部分：旅游休闲符号》（GB/T 10001.2-2006）	必选	

续表

实施主体	标准名称	属性	基础
娱乐	《公共信息导向系统设置原则与要求 第1部分：总则》（GB/T 15566.1－2007）	必选	
	《旅游娱乐场所基础设施管理及服务规范》（GB/T 26353－2010）	必选	
其他	《旅游购物场所服务质量要求》（GB/T 26356－2010）	必选	需满足 GB/T 10001.1 公共信息图形符号系列标准要求
	《风景旅游道路及其游憩服务设施要求》（LB/T 025－2013）	自选	需达到《旅游信息咨询中心设置与服务规范》《旅游厕所质量等级的划分与评定》A级标准要求
	《城市公共休闲服务与管理导则》（GB/T 28102－2011）	自选	
	《城市中央休闲区服务质量规范》（GB/T 28003－2011）	自选	
	《城乡休闲服务一体化导则》（GB/T 31172－2014）	自选	
	《国家生态旅游示范区建设与运营规范》（GB/T 26362－2010）	自选	需达到《绿色旅游饭店》标准要求
	《主题公园服务规范》（GB/T 26992－2011）	自选	需达到《旅游景区游客中心设置与服务规范》标准要求
	《山岳型旅游景区清洁服务规范》（GB/T 31706－2015）	自选	
	《创意农业园区通用要求》（GB/Z 32339－2015）	自选	需达到《旅游景区质量等级的划分与评定》《绿色旅游饭店》标准要求

续表

实施主体	标准名称	属性	基础
其他	《特色农业多功能开发与建设指南》（GB/Z 32450-2015）	自选	
	《休闲露营地建设与服务规范 第1部分：导则》（GB/T 31710.1-2015）	自选	
	《休闲露营地建设与服务规范 第2部分：自驾车露营地》（GB/T 31710.2-2015）	自选	
	《休闲露营地建设与服务规范 第3部分：帐篷露营地》（GB/T 31710.3-2015）	自选	
	《休闲露营地建设与服务规范 第4部分：青少年营地》（GB/T 31710.4-2015）	自选	
	《实景演出服务规范 第1部分：导则》（GB/T 32941.1-2016）	自选	
	《实景演出服务规范 第3部分：服务质量》（GB/T 32941.3-2016）	自选	
	《自行车骑行游服务规范》（LB/T 036-2014）	自选	需达到《旅游厕所质量等级的划分与评定》标准要求
	《内河旅游船星级的划分与评定》（GB/T 15731-2015）	自选	
	《海洋体验潜水服务规范》（GB/T 33539-2017）	自选	
	《国家绿色旅游示范基地》（LB/T 048-2016）	自选	需达到《旅游景区质量等级的划分与评定》《旅游厕所质量等级的划分与评定》《旅游信息咨询中心设置与服务规范》《城市旅游集散中心等级划分与评定》标准要求

续表

实施主体	标准名称	属性	基础
其他	《国家蓝色旅游示范基地》（LB/T 049-2016）	自选	需达到《旅游景区质量等级的划分与评定》《旅游厕所质量等级的划分与评定》《旅游信息咨询中心设置与服务规范》《城市旅游集散中心等级划分与评定》标准要求
	《国家人文旅游示范基地》（LB/T 050-2016）	自选	需达到《旅游景区质量等级的划分与评定》《旅游厕所质量等级的划分与评定》《旅游信息咨询中心设置与服务规范》《城市旅游集散中心等级划分与评定》标准要求
	《国家康养旅游示范基地》（LB/T 051-2016）	自选	需达到《旅游厕所质量等级的划分与评定》《旅游信息咨询中心设置与服务规范》《景区最大承载量核定工作导则》标准要求
	《研学旅行服务规范》（LB/T 054-2016）	自选	
	《红色旅游经典景区服务规范》（LB/T 055-2016）	自选	
	《文化主题旅游饭店基本要求与评价》（LB/T 064-2017）	自选	
	《旅游民宿基本要求与评价》（LB/T 065-2017）	自选	
	《温泉企业服务质量等级划分与评定》（LB/T 016-2011）	自选	
	《国家温泉旅游名镇》（LB/T 042-2015）	自选	需达到《温泉企业服务质量等级划分与评定》标准要求
	《温泉旅游服务质量规范》（LB/T 046-2015）	自选	
	《旅游滑雪场质量等级划分》（LB/T 037-2014）	自选	
	《旅游演艺服务与管理规范》（LB/T 045-2015）	自选	

续表

实施主体	标准名称	属性	基础
其他	《国际邮轮口岸旅游服务规范》（LB/T 017－2011）	自选	
	《自驾游管理服务规范》（LB/T 044－2015）	自选	
	《自驾游目的地基础设施与公共服务指南》（LB/T 061－2017）	自选	需达到《旅游厕所质量等级的划分与评定》《休闲露营地建设与服务规范 第2部分：自驾车露营地》标准要求
	《高尔夫管理服务规范》（LB/T 043－2015）	自选	
	《旅游特色街区服务质量要求》（LB/T 024－2013）	自选	
	《旅游客车设施与服务规范》（GB/T 26359－2010）	自选	

资料来源：作者根据相关资料整理。

3. 按照标准属性分类

国行标准按照属性又可分为评定类标准、实施类标准和公共信息导向类标准。评定类标准是指企业或政府根据一定的评判依据进行打分评估，需要企业或政府根据评估结果对照标准原文再实施的标准（见表4－4）。实施类标准是指企业或政府根据创标办确定的标准实施清单而所需实施的相关标准（见表4－5）。公共信息导向类标准是企业或政府需要根据这类标准将导向牌和标识牌整改为与国家标准相符的，以符合公共信息导向类标准的要求（见表4－6）。

表4－4　　　　　　　　　　　评定类标准

序号	评定类标准
1	《旅游厕所质量等级的划分与评定》（GB/T 18973－2016）
2	《旅游景区质量等级的划分与评定》（GB/T 17775－2003）
3	《旅游饭店星级的划分与评定》（GB/T 14308－2010）

续表

序号	评定类标准
4	《旅游餐馆设施与服务等级划分》（GB/T 26361－2010）
5	《城市旅游集散中心等级划分与评定》（GB/T 31381－2015）
6	《内河旅游船星级的划分与评定》（GB/T 15731－2015）
7	《旅游民宿基本要求与评价》（LB/T 065－2017）
8	《温泉企业服务质量等级划分与评定》（LB/T 016－2011）
9	《旅游滑雪场质量等级划分》（LB/T 037－2014）
10	《绿色旅游饭店》（LB/T 007－2015）

资料来源：作者根据相关资料整理。

表4－5　　　　　　　　　实施类标准

序号	实施类标准
1	《城市公共厕所卫生标准》（GB/T 17217－1998）
2	《旅游景区数字化应用规范》（GB/T 30225－2013）
3	《旅游景区游客中心设置与服务规范》（GB/T 31383－2015）
4	《景区最大承载量核定工作导则》（LB/T 034－2014）
5	《旅游娱乐场所基础设施管理及服务规范》（GB/T 26353－2010）
6	《旅游购物场所服务质量要求》（GB/T 26356－2010）
7	《旅游信息咨询中心设置与服务规范》（GB/T 26354－2010）
8	《导游服务规范》（GB/T 15971－2010）
9	《旅行社安全规范》（LB/T 028－2014）
10	《风景旅游道路及其游憩服务设施要求》（LB/T 025－2013）
11	《绿道旅游设施与服务规范》（LB/T 035－2014）
12	《城市公共休闲服务与管理导则》（GB/T 28102－2011）
13	《城市中央休闲区服务质量规范》（GB/T 28003－2011）
14	《城乡休闲服务一体化导则》（GB/T 31172－2014）
15	《国家生态旅游示范区建设与运营规范》（GB/T 26362－2010）
16	《主题公园服务规范》（GB/T 26992－2011）

续表

序号	实施类标准
17	《山岳型旅游景区清洁服务规范》（GB/T 31706－2015）
18	《创意农业园区通用要求》（GB/Z 32339－2015）
19	《特色农业多功能开发与建设指南》（GB/Z 32450－2015）
20	《休闲露营地建设与服务规范 第1部分：导则》（GB/T 31710.1－2015）
21	《休闲露营地建设与服务规范 第2部分：自驾车露营地》（GB/T 31710.2－2015）
22	《休闲露营地建设与服务规范 第3部分：帐篷露营地》（GB/T 31710.3－2015）
23	《休闲露营地建设与服务规范 第4部分：青少年营地》（GB/T 31710.4－2015）
24	《实景演出服务规范 第1部分：导则》（GB/T 32941.1－2016）
25	《实景演出服务规范 第3部分：服务质量》（GB/T 32941.3－2016）
26	《自行车骑行游服务规范》（LB/T 036－2014）
27	《海洋体验潜水服务规范》（GB/T 33539－2017）
28	《国家绿色旅游示范基地》（LB/T 048－2016）
29	《国家蓝色旅游示范基地》（LB/T 049－2016）
30	《国家人文旅游示范基地》（LB/T 050－2016）
31	《国家康养旅游示范基地》（LB/T 051－2016）
32	《研学旅行服务规范》（LB/T 054－2016）
33	《红色旅游经典景区服务规范》（LB/T 055－2016）
34	《文化主题旅游饭店基本要求与评价》（LB/T 064－2017）
35	《精品旅游饭店》（LB/T 066－2017）
36	《国家温泉旅游名镇》（LB/T 042－2015）
37	《温泉旅游服务质量规范》（LB/T 046－2015）
38	《旅游演艺服务与管理规范》（LB/T 045－2015）
39	《国际邮轮口岸旅游服务规范》（LB/T 017－2011）
40	《自驾游管理服务规范》（LB/T 044－2015）
41	《自驾游目的地基础设施与公共服务指南》（LB/T 061－2017）
42	《高尔夫管理服务规范》（LB/T 043－2015）
43	《旅游特色街区服务质量要求》（LB/T 024－2013）
44	《旅游客车设施与服务规范》（GB/T 26359－2010）

资料来源：作者根据相关资料整理。

表4-6 公共信息导向类标准

序号	公共信息导向类标准
1	《公共信息图形符号 第1部分：通用符号》（GB/T 10001.1-2012）
2	《标志用公共信息图形符号 第2部分：旅游休闲符号》（GB/T 10001.2-2006）
3	《公共信息导向系统设置原则与要求 第1部分：总则》（GB/T 15566.1-2007）
4	《公共信息导向系统设置原则与要求 第8部分：宾馆和饭店》（GB/T 15566.8-2007）
5	《城市旅游公共信息导向系统设置原则与要求》（GB/T 31382-2015）
6	《旅游景区公共信息导向系统设置规范》（GB/T 31384-2015）

资料来源：作者根据相关资料整理。

（二）旅游标准化实践的挑战

1. 标准实施的信息量庞大

目前旅游标准化创建已在全国20余个地区开展试点工作，参与企业高达1 170余家。这么多地区及企业的创建工作都是以《全国旅游标准化试点地区工作标准》为依据，通过对《全国旅游标准化试点地区工作标准》中60项标准工作任务深入解读，对各项工作任务科学性的分析、研究，共将标准分解为3 425项工作指标，再将各指标细化为14 364项关键控制点。所以随着调研试点地区的增加，标准实施信息量愈加庞大，标准实施数据处理工作将日益艰难，这将会是一项巨大的挑战。

2. 标准实施交互环节繁杂

在标准实施工作的实际开展过程中，工作内容会涉及标准的宣传贯彻普及、落实、督导、评定和制修订等多个环节，在具体实施中人员角色跨越多个层级，信息沟通涉及横向、纵向、斜向等多方位。基于以上客观存在的情况，标准实施难免遇到大量消耗时间、人力、财力，且工作效率低下、对环境变化的适应度低等问题（见图4-1）。

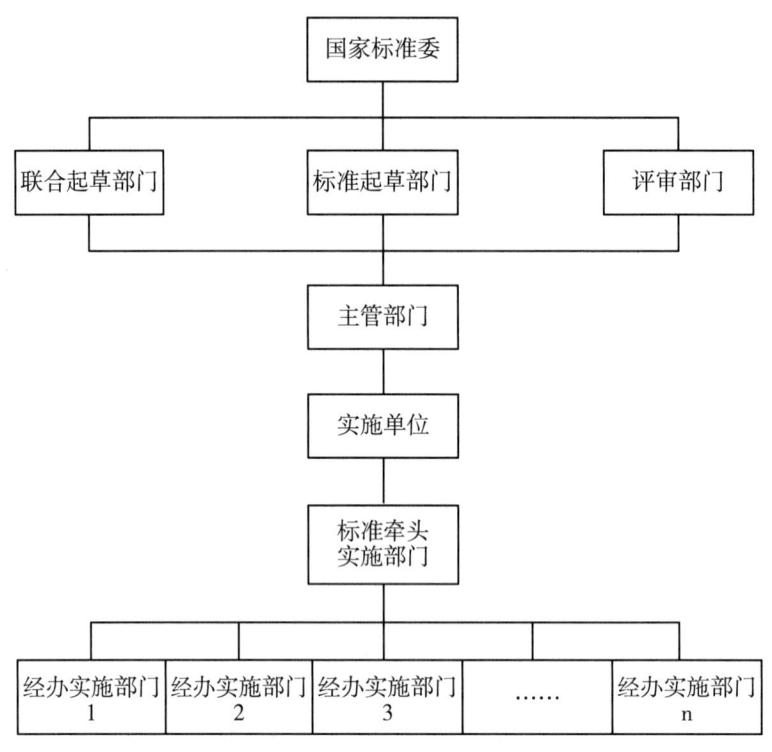

```
                    ┌─────────────┐
                    │  国家标准委  │
                    └──────┬──────┘
          ┌────────────────┼────────────────┐
    ┌─────┴──────┐  ┌──────┴──────┐  ┌─────┴─────┐
    │ 联合起草部门 │  │ 标准起草部门 │  │  评审部门  │
    └────────────┘  └──────┬──────┘  └───────────┘
                    ┌──────┴──────┐
                    │   主管部门   │
                    └──────┬──────┘
                    ┌──────┴──────┐
                    │   实施单位   │
                    └──────┬──────┘
                    ┌──────┴──────┐
                    │  标准牵头    │
                    │  实施部门    │
                    └──────┬──────┘
      ┌──────┬─────────┼─────────┬──────────┐
  ┌───┴──┐┌──┴───┐┌────┴───┐           ┌───┴────┐
  │经办实施││经办实施││经办实施│  ……       │经办实施│
  │部门 1 ││部门 2 ││部门 3 │           │部门 n  │
  └──────┘└──────┘└────────┘           └────────┘
```

图 4-1　标准实施交互环节

资料来源：作者自绘。

（三）旅游标准化实践创新

1. 可视化

目前为适应散客市场比重越来越大的旅游新形势，不断完善城市公共职能，我国多省、市先后设立了城市旅游集散中心。为了规范城市旅游集散中心的发展，国家旅游局于 2011 年 2 月 1 日出台了《城市旅游集散中心等级划分与评定》，自 2011 年 6 月 1 日开始实施。编制该标准的目的就是完善城市旅游集散中心的基础设施，提高和规范服务水平，更好地促进城市旅游集散中心健康发展。该标准对城市旅游集散中心、旅游集散服务、旅游咨询服务、旅游换乘服务等术语进行了界定，还包括了城市旅游集散中心一、二、三级的划分依据及基本条件。

《城市旅游集散中心等级划分与评定》这份标准评定项内容数量多，为了使试点地区更加明确地了解不同级别城市旅游集散中心的具体评定项，可以将标准原文中三个级别的所有评定项内容简化为一张表格，简洁明了地展现出所有级别评定项的内容（见表 4-7）。

表 4 – 7　　旅游集散中心评定的可视化简表

旅游集散中心	一级	二级	三级
中心大厅	咨询接待区 候车厅 旅游产品展示区 吸烟区 行政管理区 旅游购物区 休闲服务区 医务室 失物招领 母婴室或特殊人群 饮水设备（开水） 电子信息屏幕 公用电话 宽带 无障碍通道、坡道	咨询接待区 候车厅 × 吸烟区 行政管理区 × × × × 母婴室或特殊人群 饮水设备（开水） × 公用电话 × 无障碍通道、坡道	咨询接待区 候车厅 × × × × × × × × × × × × ×
候车厅总面积不小于	300 平方米	150 平方米	50 平方米
售票处	售票窗口 补票窗口 退票窗口 无障碍窗口	售票窗口 补票窗口 退票窗口 无障碍窗口	售票窗口 × × ×
停车场总面积不小于	5 000 平方米	2 000 平方米	设有停车场
公共厕所	无障碍厕位	无障碍厕位	设有公共厕所
其他	集散中心区域分布示意图 建筑物正门设有中英文标识	集散中心区域分布示意图 建筑物正门设有中英文标识	× 建筑物正门设有中英文标识
服务内容	40 条以上旅游线路 400 人次以上日均客流量	20 条以上旅游线路 200 人次以上日均客流量	5 条旅游线路 ×
投诉率不超过年客流量	十万分之三	十万分之五	十万分之七
游客满意率	95%	90%	85%
准点率	98%	95%	98%

资料来源：作者根据相关资料整理。

2. 信息化

基于大数据时代的背景环境，标准化创建工作的实施成果只有转化为最终的产品才能发挥最大的效益，因而开发标准应用工具是保证标准有效实施的重要手段。目前开发工具有"标准实施助手"（简称小助手），该工具是基于微信平台开发的一款小程序软件，试点企业可以通过小助手进行线上答题、线上完成标准化基础工作和标准自评工作，而专家组可直接通过后台审核，远程监督试点企业标准实施进度。小助手以微信小程序的形式方便试点企业使用，操作简单易懂，试点企业只需在小助手平台上传每道题相应的证明材料即可，小助手即可在评分指标体系下自动进行审核。信息化的高效率和高效益保障标准得以顺利实施，小助手诞生就是信息化时代的产物，也是今后标准化创建工作的重要依据（见图4-2）。

图4-2 标准实施

资料来源：采集自本书团队研发的"旅游标准小助手"。

3. AI智能化

新时代的到来使得人工智能（artificial intelligence）技术在各个领域得到广泛推广和应用。NLP（natural language processing）作为人工智能（AI）的一个子领域，在文本朗读（text to speech）/语音合成（speech synthesis）、语音识别（speech recognition）、中文自动分词（Chinese word segmentation）、词性标注（partof-speech tagging)、句法分析（parsing）、自然语言生成（natural language generation）、文本分类（text categorization）、信息检索（information retrieval）、信息抽取（information extraction）、文字校对（text-proofing）、问答系统（question answering）、机器翻译（machine translation）、自动摘要（automatic summarization）、文字蕴涵（textual entailment）等方面都有一定程度的技术解决方案。基于 NLP 的标准实施工作未来将大大提升监督和控制效果，减少人力消耗，杜绝时空盲点。

大数据挖掘（data mining）技术能通过信息收集、数据集成、数据规约、数据清理、数据变换、数据挖掘过程、模式评估、知识表示等环节，通过数据表现挖掘出深层次的内容。常见的方法有神经网络、遗传算法、决策树方法、粗集方法、覆盖正例排斥反例方法、统计分析方法、模糊集方法、挖掘对象等。将大数据挖掘技术引入标准文本分析，能挖掘出标准的深层次内容，如标准孤点率，适用于一定范围内的共性因子等。大数据挖掘技术能为标准的制修订提供可靠的数据支撑（见图 4-3、图 4-4、图 4-5、图 4-6）。

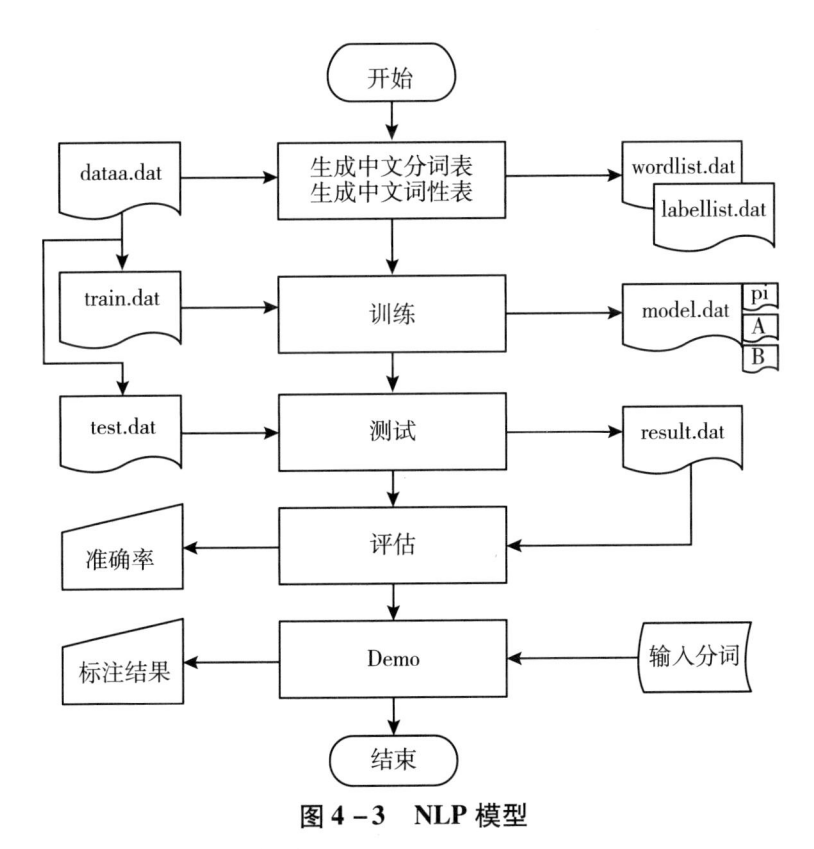

图 4-3　NLP 模型

资料来源：作者根据内部工作平台整理。

图 4-4　基于 Word Cloud 的创建任务解析（1）

资料来源：作者根据内部工作平台整理。

图 4-5　基于 Word Cloud 的创建任务解析（2）

资料来源：作者根据内部工作平台整理。

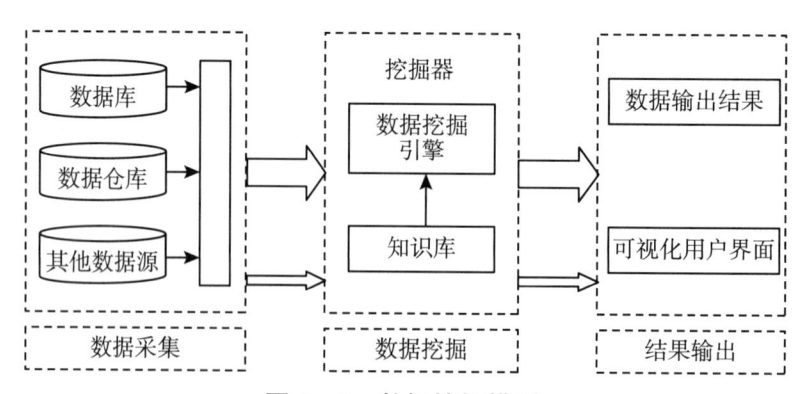

图 4-6　数据挖掘模型

资料来源：作者根据内部工作平台整理。

二、全国旅游标准化创建指南

《全国旅游标准化试点地区工作标准》是由国家旅游局于 2014 年下发,指导试点地区的政府、旅游行政部门和试点企业共同完成创建工作,并作为试点地区的旅游标准化创建的纲领性文件。地区创建任务主要由五大模块构成,分别是组织领导(150 分)、国家标准和行业标准实施(450 分)、地方标准(100 分)、试点企业(200 分)和综合效应(100 分)。其中组织领导是建立健全地区旅游标准化工作机制的基础,国家标准、行业标准、地方标准的实施工作是创建工作的核心任务,试点企业建设是创建工作的最终载体和重点打造对象,综合效应则是对创建工作的阶段性、数据化的总结。

(一) 组织领导(150 分)

组织领导(150 分)包含的内容有旅游标准化领导机制(40 分)、政策措施(60 分)、组织管理工作(25 分)和培训(25 分)。

1. 旅游标准化领导机制(40 分)

(1) 机构领导:地区主要领导牵头得 10 分,地区分管领导牵头得 5 分。

设立领导小组是标准化创建工作的开端,标准化创建工作需要政府的大力支持与配合,所以当地政府须下发《关于成立××市开展全国旅游标准化试点创建城市工作领导小组的通知》红头文件,明确市旅游标准化试点创建城市工作领导小组为旅游标准化领导机构,领导小组组长由市长×××担任。

(2) 相关职能部门参与:须发改、财政、质监、交通、环保、商业、文化、城建、宣传、安监等相关部门参加,每个部门 1 分,最高 10 分。

标准化创建工作在开展时会涉及不同的职能部门,为顺利开展工作,相关职能部门需共同参与标准化创建工作,督导所属分管试点企业尽快完成标准实施工作。当地政府需下发《关于成立××市开展全国旅游标准化试点创建城市工作领导小组的通知》红头文件,明确领导小组由市委、市政府主要领导,市宣传、发改、旅游委、财政、文化、卫生、规划、交通、商务等 23 个职能部门的负责人组成。

（3）旅游标准化试点工作机构：有专设的办公地点和办公设施、有专职工作人员、有专项办公经费、有相关工作制度等，共 10 分。

旅游标准化试点工作机构要落实旅游标准化办公设施建设，当地政府需要设立专门的标准化办公室，组建创标小组，并且办公配套设施齐全。

落实旅游标准化部门合作，首先需要当地政府下发《关于从相关职能部门抽调专职工作人员参与标准化试点工作的请示》红头文件；其次根据《关于从相关职能部门抽调专职工作人员参与标准化试点工作的请示》从市旅游、安监、财政、海洋、园林环卫、文体、交通、商务等职能部门抽调 17 名工作人员成立市旅游标准化工作专班，成立的专班小组以"政府统一领导、部门分工负责、各方联合行动"为基本原则。

落实旅游标准化建设专门化，需要政府在下发的《××市人民政府办公室关于印发××市创建旅游标准化示范城市工作方案的通知》中明确旅游标准化专职人员及人员分工，确保分工明确，责任到人。

落实旅游标准化建设资金投入是指当地政府需要针对旅游标准化工作中的专项拨款做出详细说明，如××市市级财政 2014 年、2015 年、2016 年三年累计对旅游标准化工作安排专项资金××万元，已拨付××万元。在标准化创建过程中，政府的资金支持力度也体现着当地政府对标准化创建的态度。

建立旅游标准化相关工作制度，当地政府需下发《××市人民政府办公室关于印发××市创建旅游标准化示范城市工作方案的通知》，由旅标办制订工作制度，明确创建办各部门工作职责，并在标准化办公室内张贴。

（4）召开专门会议和实地督查指导试点工作：有会议记录、工作简报、新闻报道及落实情况，须政府领导参加会议或实地督查指导试点工作，每次 5 分，最高 10 分。

召开工作会议是便于政府领导了解在标准化创建中遇到的问题及标准化工作进度，需要会议记录和工作简报等，这些文件材料可以作为对外宣传标准化创建进程的资料。实地督查可以更加直观地了解试点企业在标准化创建中的实际情况。

2. 政策措施（60 分）

（1）旅游标准化试点纳入政府重点工作：在年度政府工作报告和工作方案

中有表述。旅游标准化试点工作列入政府年度工作报告并纳入政府对各部门目标考核得 10 分，仅列入政府工作报告的得 5 分。

将标准化试点纳入政府重点工作代表了政府领导对标准化创建工作的重视程度，需要当地政府在会议上，由市长做《××市政府工作报告》，将创建旅游标准化工作列入今后政府工作内容，在创建期间，各级领导需多次深入试点企业一线开展调研、组织旅游企业座谈、亲自部署、直接指导。

（2）奖励及扶持政策：对试点单位给予奖励及政策扶持，对优秀的试点企业给予重点扶持奖励。有政府出台的支持政策文件得 5 分，支持政策中有资金支持得 10 分。

在标准化创建过程中，政府需要出台《××市旅游标准化工作奖励扶持办法》，制定专门的奖励扶持制度，对优秀的试点企业给予奖励扶持，积极推进当地旅游标准化工作。

（3）对制定旅游业地方标准给予扶持奖励：重点检查有相关文件及反映落实情况的材料，支持每项地方标准得 2 分，最高 10 分。

关于对地方标准给予扶持奖励需要政府印发《××市旅游标准化工作奖励扶持办法》的通知，需要详细规定对试点单位、制定旅游地方标准优秀的企业标准给予扶持奖励的政策。

（4）相关部门对旅游标准化工作有倾斜政策：重点检查有相关文件及反映落实情况的材料，每个部门得 2 分，最高 10 分。

相关部门对旅游标准化倾斜政策是需要标准化创建地区的文旅、安监、财政、交通、林业、商务、园林环卫局等 13 个部门制订具体工作方案并对旅游标准化的倾斜政策文件。

（5）制定旅游标准化工作管理办法：政府规章得 5 分，政府规范性文件得 3 分。

标准化创建地区政府需制定《××市旅游标准化工作管理办法》的红头文件，建议委托第三方制定。

（6）创建期间对旅游标准化试点工作投入资金：包括各相关部门用于旅游标准化试点工作专项资金的总和，每 100 万元得 1 分，最高 10 分。

旅游标准化创建需要当地政府投入专项资金，不仅限于标准实施中的资金，还包括不同部门在标准化创建中使用的资金，如购买相关设备、对城市公共设施进行改造等。

（7）旅游标准化工作规划：相关文件材料可参考《全国旅游标准化发展规划（2016~2020年)》编制，由政府批准得5分，由旅游部门批准得2分。

标准化工作规划需要标准化创建地区旅标办聘请专门人员指导旅游标准化工作规划，编制出《××市旅游标准化发展规划》《××市旅游标准体系表》。

3. 组织管理工作（25分）

（1）政府制定旅游标准化试点实施方案并下发，明确阶段目标、部门分工、工作步骤和保障措施得5分。

旅游标准化试点实施方案需要政府下发《××市开展全国旅游标准化创建城市工作方案》《××市人民政府办公室关于调整××市开展全国旅游标准化试点创建城市工作方案的通知》，实施方案需要明确旅游标准化试点实施的阶段目标、工作步骤和保障措施。

（2）召开动员大会：有相关材料和报道。地区主要领导参加得10分，仅主管领导参加得5分。

标准化创建工作期间，当地政府召开动员大会是为了进一步加快创建全国旅游标准化示范地区工作进度，力争完成国家文化和旅游部对创建全国旅游标准化示范地区工作的评估验收，需要旅游委、职能部门和试点企业共同参加，并留有现场照片、签到表、新闻报道资料。

（3）做好宣传工作：当地主流媒体、政府网站开辟专栏，进行持续宣传报道，每篇报道（不重复）得1分，最高10分。

在旅游标准化宣传方面，当地政府需以提高标准化知晓和普及率为工作目标，努力营造"与世界同步、与标准同行"的创建社会氛围，宣传方式可以利用实地宣传、网络宣传、传统媒体宣传和新媒体宣传等。

4. 培训（25分）

（1）对企业进行相关标准培训：由试点地区统一组织，有相关培训记录和培训资料，旅游相关企业包括（但不限于）旅行社、旅游住宿、景区、旅游餐饮、旅游购物、旅游车船、旅游娱乐、农家乐等类型。每次1分，最高15分。

标准化创建中对企业的培训是必要的，标准化创建工作是由政府主导，企业具体实施，企业必须了解标准化是什么、做标准化的意义以及如何具体实施相关标准。此项需有政府下发培训的通知文件及培训记录。

（2）对旅游及相关部门行政管理人员的培训：由试点地区统一组织，有相关培训记录和培训资料，每次1分，最高5分。

标准化创建不仅要对企业进行培训，更要对相关部门行政管理人员进行培训。标准化创建是一项艰巨的任务，涉及部门众多，相关部门行政管理人员需要深入了解标准化创建的相关内容，这对标准化后续工作的推进十分有利。

（3）实地考察学习全国旅游标准化示范地区工作经验：有相关工作记录，实地考察学习每次2.5分，最高5分。

实地考察学习全国旅游标准化示范地区工作经验是一种学习方式，由当地政府组织试点企业创标人员去其他旅游标准化示范地区进行学习考察活动，可以学习其他示范地区旅游标准化的工作经验和工作方法。

（二）标准实施（450分）

根据平台现有数据，包括已完成创建和正在创建的地区有10~20个、参与创建的企业有1 000多家、实施的标准有上万份以及共同创建的评估材料有上十万份等。

标准实施按照《全国旅游标准化试点地区工作标准》划分为必选标准（20项，每项10分，共200分）和自选标准（40项中选25项实施，每项10分，共250分）（见表4-8、表4-9）。

表4-8　　　　　　　　　　　必选标准表

序号	必选标准（200分）	得分说明	得分
1	《城市公共厕所卫生标准》（GB/T 17217-1998）		10
2	《旅游厕所质量等级的划分与评定》（GB/T 18973-2016）		10

续表

序号	必选标准（200 分）	得分说明	得分
3	《公共信息图形符号 第1部分：通用符号》（GB/T 10001.1－2012）	（1）共 20 项标准，若实施则采取扣分制，不实施则不得分； （2）星级饭店、A 级景区、A 级厕所数量分别在全省（直辖市、自治区）排名前 3 的，各附加 10 分； （3）随机现场检查，每处不符合扣 2 分，扣完为止	10
4	《标志用公共信息图形符号 第2部分：旅游休闲符号》（GB/T 10001.2－2006）		10
5	《公共信息导向系统设置原则与要求 第1部分：总则》（GB/T 15566.1－2007）		10
6	《公共信息导向系统设置原则与要求 第8部分：宾馆和饭店》（GB/T 15566.8－2007）		10
7	《城市旅游公共信息导向系统设置原则与要求》（GB/T 31382－2015）		10
8	《旅游景区质量等级的划分与评定》（GB/T 17775－2003）		10
9	《旅游景区数字化应用规范》（GB/T 30225－2013）		10
10	《旅游景区游客中心设置与服务规范》（GB/T 31383－2015）		10
11	《旅游景区公共信息导向系统设置规范》（GB/T 31384－2015）		10
12	《景区最大承载量核定工作导则》（LB/T 034－2014）		10
13	《旅游饭店星级的划分与评定》（GB/T 14308－2010）		10
14	《旅游餐馆设施与服务等级划分》（GB/T 26361－2010）		10
15	《旅游娱乐场所基础设施管理及服务规范》（GB/T 26353－2010）		10
16	《旅游购物场所服务质量要求》（GB/T 26356－2010）		10
17	《旅游信息咨询中心设置与服务规范》（GB/T 26354－2010）		10
18	《城市旅游集散中心等级划分与评定》（GB/T 31381－2015）		10
19	《导游服务规范》（GB/T 15971－2010）		10
20	《旅行社安全规范》（LB/T 028－2014）		10

资料来源：作者根据相关资料整理。

表 4-9　　自选标准表

序号	自选标准（250 分）（40 个里面选择 25 个）	得分说明	最高得分
1	《风景旅游道路及其游憩服务设施要求》（LB/T 025-2013）		10
2	《绿道旅游设施与服务规范》（LB/T 035-2014）		10
3	《城市公共休闲服务与管理导则》（GB/T 28102-2011）		10
4	《城市中央休闲区服务质量规范》（GB/T 28003-2011）		10
5	《城乡休闲服务一体化导则》（GB/T 31172-2014）		10
6	《国家生态旅游示范区建设与运营规范》（GB/T 26362-2010）		10
7	《主题公园服务规范》（GB/T 26992-2011）		10
8	《山岳型旅游景区清洁服务规范》（GB/T 31706-2015）		10
9	《创意农业园区通用要求》（GB/Z 32339-2015）	（1）自选标准共 40 项，应根据本地区特点从中选择 25 项实施，每项 10 分； （2）所选标准若实施则采取扣分制，不实施则不得分； （3）随机现场检查，每处不符合扣 2 分，扣完为止	10
10	《特色农业多功能开发与建设指南》（GB/Z 32450-2015）		10
11	《休闲露营地建设与服务规范　第 1 部分：导则》（GB/T 31710.1-2015）		10
12	《休闲露营地建设与服务规范　第 2 部分：自驾车露营地》（GB/T 31710.2-2015）		10
13	《休闲露营地建设与服务规范　第 3 部分：帐篷露营地》（GB/T 31710.3-2015）		10
14	《休闲露营地建设与服务规范　第 4 部分：青少年营地》（GB/T 31710.4-2015）		10
15	《实景演出服务规范　第 1 部分：导则》（GB/T 32941.1-2016）		10
16	《实景演出服务规范　第 3 部分：服务质量》（GB/T 32941.3-2016）		10
17	《自行车骑行游服务规范》（LB/T 036-2014）		10
18	《内河旅游船星级的划分与评定》（GB/T 15731-2015）		10
19	《海洋体验潜水服务规范》（GB/T 33539-2017）		10
20	《国家绿色旅游示范基地》（LB/T 048-2016）		10
21	《国家蓝色旅游示范基地》（LB/T 049-2016）		10

续表

序号	自选标准（250 分）（40 个里面选择 25 个）	得分说明	最高得分
22	《国家人文旅游示范基地》（LB/T 050－2016）		10
23	《国家康养旅游示范基地》（LB/T 051－2016）		10
24	《研学旅行服务规范》（LB/T 054－2016）		10
25	《红色旅游经典景区服务规范》（LB/T 055－2016）		10
26	《绿色旅游饭店》（LB/T 007－2015）		10
27	《文化主题旅游饭店基本要求与评价》（LB/T 064－2017）	（1）自选标准共40项，应根据本地区特点从中选择25项实施，每项10分；（2）所选标准若实施则采取扣分制，不实施则不得分；（3）随机现场检查，每处不符合扣2分，扣完为止	10
28	《旅游民宿基本要求与评价》（LB/T 065－2017）		10
29	《精品旅游饭店》（LB/T 066－2017）		10
30	《温泉企业服务质量等级划分与评定》（LB/T 016－2011）		10
31	《国家温泉旅游名镇》（LB/T 042－2015）		10
32	《温泉旅游服务质量规范》（LB/T 046－2015）		10
33	《旅游滑雪场质量等级划分》（LB/T 037－2014）		10
34	《旅游演艺服务与管理规范》（LB/T 045－2015）		10
35	《国际邮轮口岸旅游服务规范》（LB/T 017－2011）		10
36	《自驾游管理服务规范》（LB/T 044－2015）		10
37	《自驾游目的地基础设施与公共服务指南》（LB/T 061－2017）		10
38	《高尔夫管理服务规范》（LB/T 043－2015）		10
39	《旅游特色街区服务质量要求》（LB/T 024－2013）		10
40	《旅游客车设施与服务规范》（GB/T 26359－2010）		10

资料来源：作者根据相关资料整理。

（三）地方标准（100 分）

1. 制定地方旅游标准（30 分）

制定地方旅游标准包括由试点地区主导（以试点地区相关单位为标准提出单位或主要起草单位）或参与制定（试点地区相关单位为起草单位之一或相关人员为起草人员之一）的各类地方旅游标准，相关标准应由质监部门发布，每项得 10 分，最高 30 分。

目前××地区已出台一项地方标准《酒店会议服务规范》，另外两项《滨海旅游实景演出服务规范》《邮轮旅游服务规范》地方标准，已进行了最后征询意见会议，待报××省旅文厅审核通过，最后由××省市场管理监督局组织专家和标准起草编写单位进行最终评审，通过后进行发布、实施。

2. 地方标准实施情况（50 分）

地方标准实施情况是由质监部门公布实施的地方标准，试点地区提供标准文本、实施情况的说明材料，评估组现场检查，每项得 10 分，最高 50 分。

用××地区标准化创建工作举例，××地区目前实施的地方标准有《家庭旅馆质量等级划分与评定》《A 级旅游区（点）服务规范》《餐饮企业服务质量规范》《旅游饭店安全管理规范》《旅游景区（点）安全管理规范》《旅行社接待服务规范》《海南省乡村旅游点等级的划分与评定》，××地区目前的地方标准分别由社会住宿、旅游景区、旅游餐饮、旅游饭店、旅行社和乡村旅游点这几个业态来实施。

3. 社会住宿设施纳入旅游标准化管理（20 分）

旅游行政管理部门有社会住宿管理职能，并进行标准化管理，有政府相关文件和标准得 20 分。

社会住宿纳入旅游标准化管理体系是为了加强对社会住宿的管理，提升旅馆业服务质量，保障旅客、旅馆以及其他旅游经营者的合法权益，促进旅馆业健康发展。试点地区可以在社会住宿企业中选出部分优秀代表，树立行业标杆，以点带面，逐步在全行业推广优秀企业好的经验和好的做法，为游客提供符合要求的、高质量服务，加快促进社会住宿行业向标准化、精细化、品牌化发展。

××地区针对社会住宿纳入旅游标准化做出了《关于开展社会旅馆等级评定的通知》。

（四）试点企业（200 分）

含"旅游+"的各类企业，50 家以上得 70 分、35 家以上得 35 分、20 家以上得 10 分、20 家以下不得分。

××地区目前暂定的试点企业有 61 家，满足了 50 家试点企业的要求，其他地区在确定试点企业时要注意,试点企业需要多选几家作为备选,避免出现中途有试点企业退出而措手不及的现象。对于试点企业而言他们可以通过实施相关标准获得荣誉,比如餐饮企业可以评定金盘级、银盘级、铜盘级,通过评定的企业可以获得挂牌荣誉,而且企业只要参与标准化创建工作也会获得相应奖励,参与标准化创建工作同时也会完善企业管理,建立健全企业标准体系。

(五)试点效果(100分)

关于试点效果分为旅游业发展水平和地区所属试点企业(含事业)单位零(有责)投诉比例。

试点企业通过学习和了解标准,有利于不断完善企业内部管理,这是行业发展的技术指标,是行业规范化的管理依据。标准实施是为保持行业增长、规范市场、提高管理水平、服务各类型游客提供的科学技术依据。正是由于旅游标准化的建设,旅游市场的恶性价格竞争可以得到有效控制,旅游活动中损害消费者利益的事件得以减少,旅游产品质量得到提升,这样增强了消费者的可信度,提升了旅游产品的市场竞争力,从而提高了旅游企业的经济效益。到2020年,旅游标准化体系机制将进一步完善,支撑产业发展的旅游标准体系更加健全,标准质量水平显著提升,旅游标准实施效果明显增强,整体质量效益及其对旅游业发展的贡献大幅提升,旅游标准化发展基础更加坚实,标准创新能力明显增强,中国也将会成为标准规范大国。

1. 旅游业发展水平(60分)

(1)旅游收入水平(30分)。

参考统计部门数据,同比增长15%、10%、5%以上或在全省(直辖市、自治区)排名第1、前5、前10的分别得30分、15分、10分,同比增长5%以下不得分。

标准化创建工作对于相关旅游行业进行规范管理,改变之前不合适的管理模式,使旅游产品质量和服务得到提升,对市场的恶性价格竞争有效控制,增大旅游产品的市场竞争力从而提高的旅游企业的经济效益,具体对比需要当地政府提供近两年的旅游收入统计表(见表4-10),或旅游收入增长对比图(见图4-7)。

表4-10　　　　　2012~2015年××市旅游总收入一览表

项目	2012年	2013年	2014年	2015年
旅游总收入（亿元）	192.22	233.33	269.73	302.31
同比增长（%）		21.4	15.6	12.1

资料来源：作者自绘。

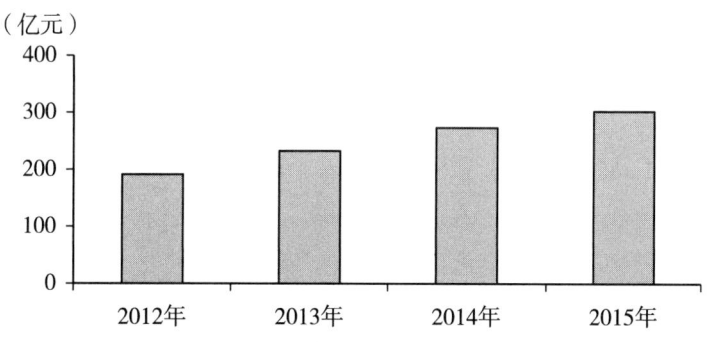

图4-7　2012~2015年××市旅游总收入增长趋势

资料来源：作者自绘。

（2）游客人数增长（30分）。

参考统计部门数据，同比增长15%、10%、8%、5%~8%以上的分别得30分、15分、10分、5分，5%以下不得分。

标准化创建工作使旅游行业市场得到有效改善后，会增强消费者的可信度，不仅当地旅游经济会大幅度提升，合理的旅游市场也会吸引游客前来使得当地的游客人数增长。当地政府需要统计旅游标准化创建近两年的游客接待人数与前两年相比是否有所增长（见表4-11）。

表4-11　　　　　2012~2015年××接待游客总数一览表

项目	2012年	2013年	2014年	2015年
接待游客总数（万人次）	1 102.22	1 352.76	1 595.73	1 891.84
同比增长（%）		22.73	17.96	18.56

资料来源：作者自绘。

2. 试点企业投诉比（40 分）

以 12301 全国旅游投诉平台数据为准，零（有责）投诉比例在 90% 以上的得 40 分，80% 以上的得 20 分，70% 以上的得 10 分，70% 以下的不得分。

标准化创建工作还需要注意的一点就是当地试点企业的投诉比例，这个是以 12301 全国旅游投诉平台数据为准，需要试点企业能够按照国家及地区相关的法律、法规合法经营，未经违规经营而受到行政处罚，同时无重大旅游服务质量方面的投诉，零投诉比例达到 98%。

三、创建工作流程指引与优化

创建全国旅游标准化示范地区通常是一项持续 2 年、过程涉及多部门协同作业，多环节不断交互，且内外部环境不停变化的项目。为保障创建工作高效、有序地推进，每一个试点地区的领导小组需在创建的初期为自己拟订一套标准作业流程（SOP），以标准化的方式创建标准化工作。

（一）创建工作结构分解（WBS）

创建工作是一项大型系统性的项目，具备目标性、临时性等一切项目特征。为保障创建工作的推进，在管理创建工作的过程中，地区宜采取项目管理的一般方法进行创建工作的计划、组织、领导、协调和控制。本节基于《全国旅游标准化试点地区工作标准》的总体要求，按照项目实施的时间顺序及各模块之间的交互关系，制定了旅游标准化试点地区创建工作的一般性工作结构分解（work breakdown structure），以更加清晰的形式来表现标准化的创建工作，像地方标准，国、行标实施，试点企业和综合效益这一系列的工作都需要政府组织领导督促企业完成，每一项工作都环环相扣，形成一个完整的工作体系图 4-8。

组织领导工作是创建工作的基础环节，是创建工作需要最先投入建设的工作内容。工作的核心目标是建立健全旅游标准化的各项工作机制，从人、机、物、料、法、环等多方面保障创建工作的推进。该环节需要完成建立领导班子，制定工作规划，出台奖励政策和工作管理办法，开展学习、专题培训和标准化宣传工作等核心工作内容。

国、行标实施工作是创建工作的依据，是创建工作不可或缺的环节。国、行标实施按照《全国旅游标准化试点地区工作标准》分为必选标准和自选标准。必选标准 20 项，自选标准 40 项（选择 25 项实施），共计 45 项标准，45 项标准的实施需要试点企业与当地政府共同完成，政府则需要选择合适的试点企业作为标准的实施主体。

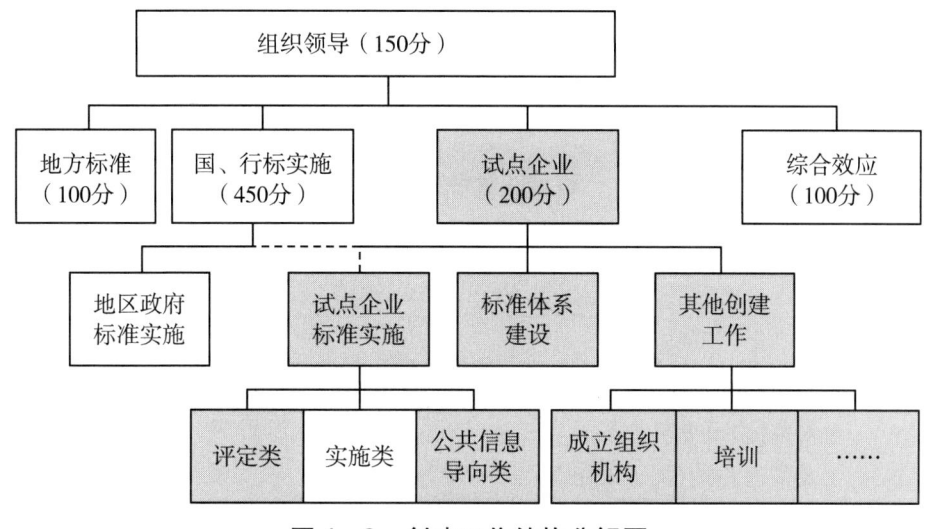

图 4-8　创建工作结构分解图

资料来源：作者自绘。

试点企业标准实施是创建工作的实践环节，是创建工作投入时间较长的一项工作。标准实施按照实施类型划分为评定类、实施类和公共信息导向类。评定类标准是指需要试点企业自行评定，根据评定结果再实施标准对应规范要求的一项标准，如《旅游饭店星级的划分与评定》《绿色旅游饭店》《旅游景区质量等级的划分与评定》等。实施类标准是指根据试点企业行业特性所划分的相关规范要求标准，如《旅游景区游客中心设置与服务规范》《旅游购物场所服务质量要求》等。公共信息导向类标准是涉及试点地区及试点企业的导向标牌整改的标准，如《公共信息图形符号　第 1 部分：通用符号》《标志用公共信息图形符号　第 2 部分：旅游休闲符号》等。

国、行标按照实施主体划分为政府与企业。在标准化创建工作中，政府不仅起到领导作用，还需真正参与到相关标准的实施过程中，这也意味着政府将承担更大的责任。试点企业作为标准实施主体则需要投入资金和精力全力配合当地标准化创建工作，标准化创建工作对于试点企业而言也是一项巨大的挑战。

试点企业创建工作承载了创建工作的大部分工作量，是创建工作是否成功的关键性因素。和 2014 年以前相比，试点企业创建工作的覆盖面要求更广，需要至少覆盖 50 家，且业态达到 15 个以上。试点企业的创建工作主要包含创建基础性工作、标准的宣传贯彻、企业标准体系建设。

标准化创建工作中基础性工作是向试点企业讲解创建任务的具体内容，要求试点企业理解每项标准化工作任务，并有专人落实每项工作，制订工作计划，确保试点企业得以顺利开展标准化工作，标准化基础性工作（见表 4 – 12）。

表 4 – 12　　　　　　　　　标准化基础性工作

序号	审查任务
1	标准化成立通知
2	标准化组织架构
3	标准化办公室
4	标准化工作专职人员
5	标准化工作会议（≥5 次）
6	标准化工作计划
7	企业标准化工作宣传
8	标准化工作培训（≥3 次）
9	标准化工作监督检查机制
10	标准化专项资金预算
11	标准化工作保障措施
12	标准化工作财务原始凭证
13	标准化工作奖励
14	标准化工作自查（≥5 次）
15	标准化效益
16	企业品牌效益

资料来源：作者根据相关资料整理。

试点企业标准体系建设工作是指对试点企业进行现场辅导工作后，收集企业相关材料为每个试点企业上线标准化管理系统的一项工作，旅标办及各区县旅游局需要督促各试点企业按要求完善企业内部管理制度，优化相关岗位职责及作业流程。企业标准体系表（见表4-13）。

表4-13　　　　　　　　　　企业标准体系表

标准体系	子标准体系
管理标准体系	安全应急、救援和保险标准
	财务管理标准
	工会、党团标准
	行政（后勤）管理标准
	合同管理标准
	红头文件
	环境和卫生管理标准
	建筑、设施设备和用品标准
	能源管理标准
	人力资源管理标准
	信息与信息管理标准
	营销管理标准
	职业健康管理标准
岗位标准体系	岗位管理标准
服务标准体系	产品/服务项目标准
	产品/服务项目设计标准
	服务评价与改进标准
	服务质量控制标准
	作业（服务提供）标准

资料来源：作者根据相关资料整理。

（二）创标办内部工作流程分解

经过数十年的经验积累和对全国20余个试点地区及1 170余家企业调研工作的总结，我们得出地区标准化工作至少有13项流程，其中包括文件的起草与报送、文件存档与备份、发展规划编制、政府层面标准实施、地方标准编制等流程，这些工作流程可以以 SOP 的形式固化（见表 4-14）。

表 4-14　　　　　　　　　　　　　流程列表

模块	流程名称
创标办层面	文件的起草与报送
	文件存档与备份
政府层面	发展规划编制
	政府层面标准实施
	地方标准编制
	标准化工作推进会议流程
	工作宣传流程
	标准评定流程
	标准化活动开展与策划
企业层面	现场调研辅导工作流程
	企业标准体系建设流程
	企业公共信息导向系统整改流程
	标准实施流程

资料来源：作者根据相关资料整理。

1. 创标办层面工作流程分解

（1）文件起草与报送（见表 4-15、图 4-9）。

表 4-15　　　　　　　　　　　　文件的起草与报送

流程名称	文件的起草与报送
交互对象	专家组、创标办、其他部门
流程描述	首先由专家组编制初稿，交由创标办审核，创标办审核无误后向其他部门征求意见，意见通过由专家组定稿并报送至创标办即可
流程频次	每周一次
流程输出	《文件初稿》《文件定稿》

资料来源：作者根据相关资料整理。

第四章　旅游标准化的中国实践

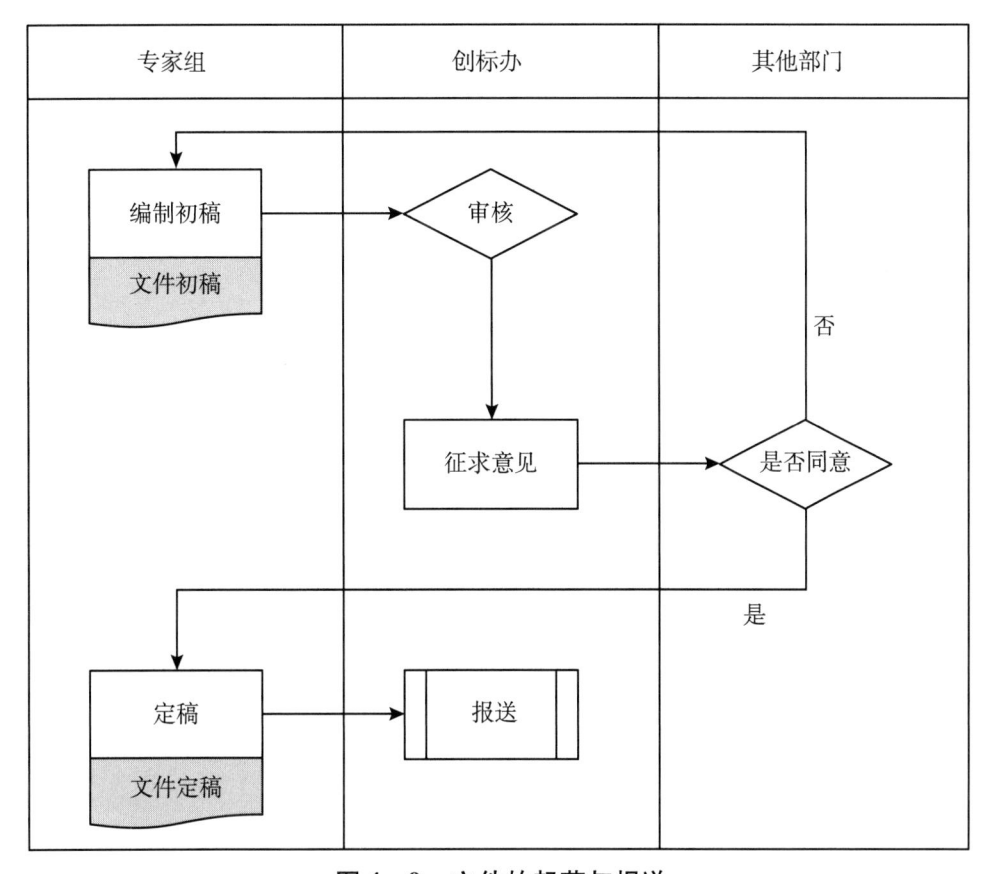

图 4－9　文件的起草与报送

资料来源：来自本书团队咨询设计案例。

（2）文件存档与备份（见表 4－16、图 4－10）。

表 4－16　　　　　　　　　　　文件存档与备份

流程名称	文件存档与备份
交互对象	创标办、专家组
流程描述	首先创标办将获取的最终文件发送至专家组，专家组将文件扫描本地备份后打印并上传至平台，创标办则将原文件进行存档，最终由创标办和专家组核对阶段性文件
流程频次	每周一次
流程输出	《文件定稿》

资料来源：作者根据相关资料整理。

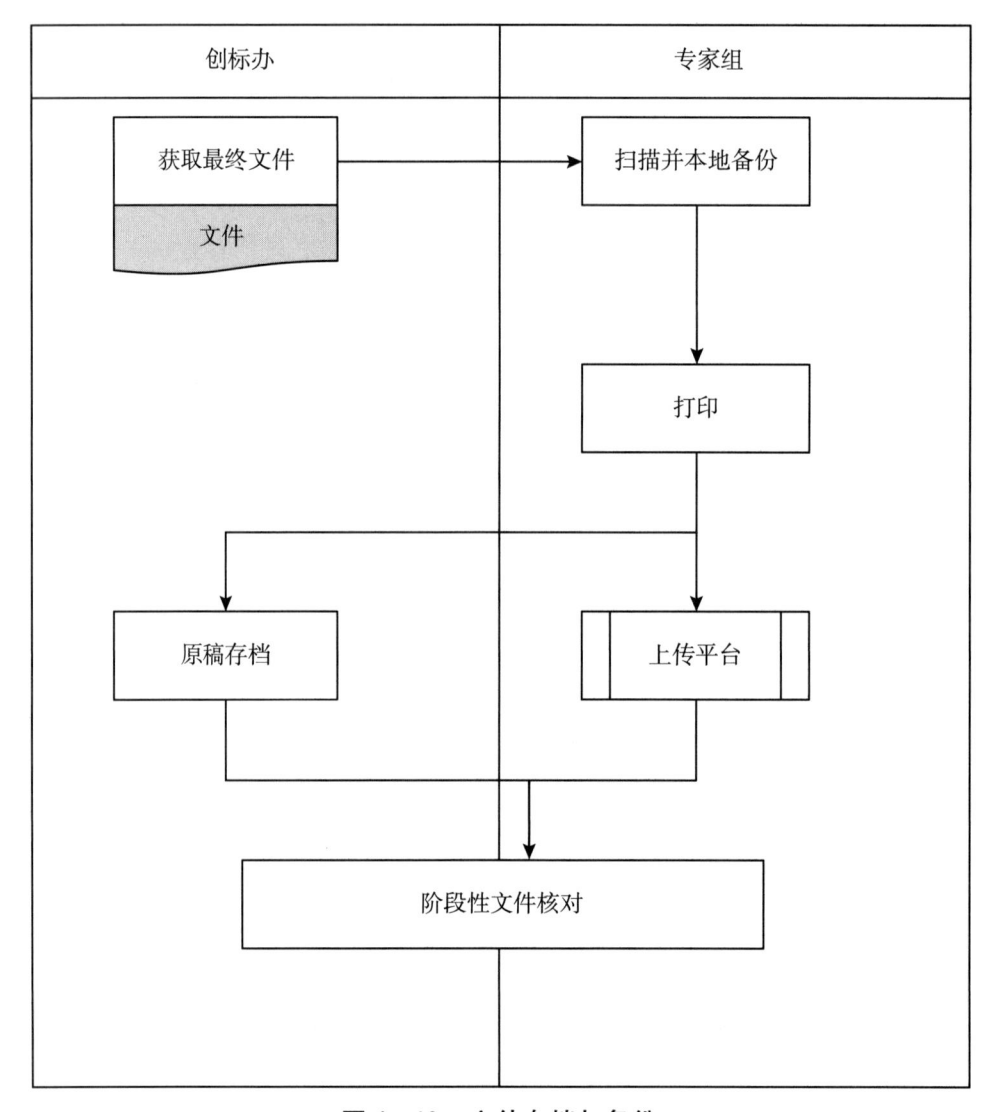

图 4-10　文件存档与备份

资料来源：来自本书团队咨询设计案例。

2. 政府工作流程分解

（1）发展规划编制（见表 4-17、图 4-11）。

表 4-17　　　　　　　　　　发展规划编制

流程名称	发展规划编制
交互对象	编制团队、创标办、相关部门、评审专家
流程描述	首先由编制团队向创标办进行问卷调研，创标办和相关部门提供相关资料后由编制团队实地调研对创标办和相关部门进行访谈，访谈结束后由编制团队编制出稿，交由创标办与相关部门征求意见，意见通过后则由评审专家审核，审核无误后再交由编制团队定稿，创标办进行发布
流程频次	每月一次
流程输出	《发展规划初稿》《发展规划定稿》

资料来源：作者根据相关资料整理。

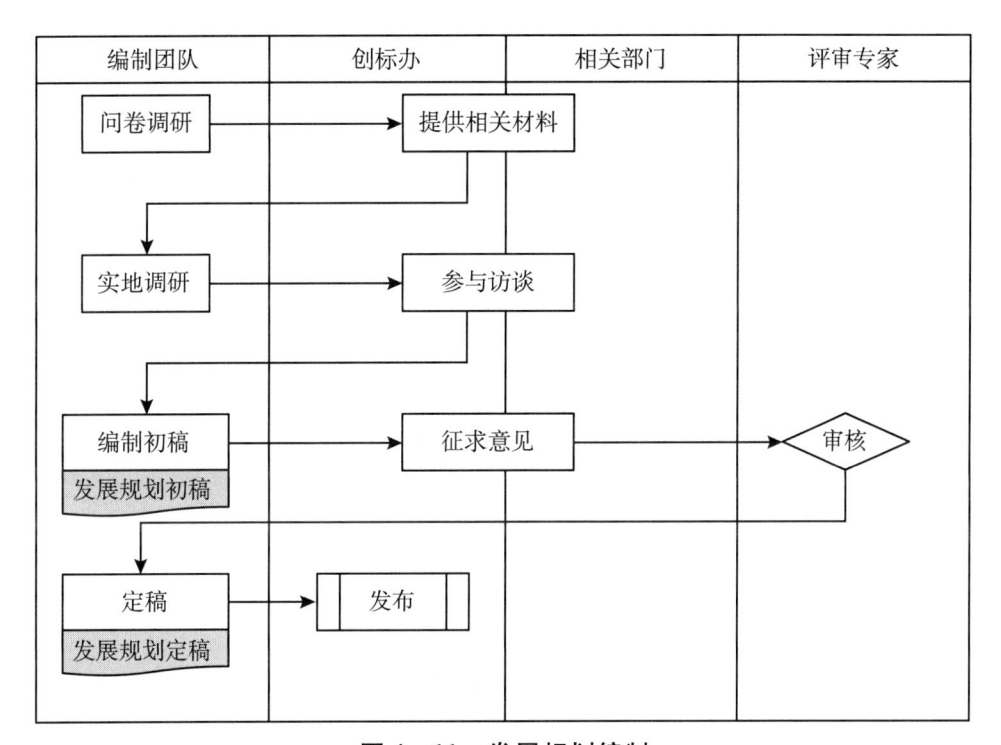

图 4-11　发展规划编制

资料来源：来自本书团队咨询设计案例。

（2）政府层面标准实施（见表 4-18、图 4-12）。

表 4-18　　　　　　　　　　政府层面标准实施

流程名称	政府层面标准实施
交互对象	实施单位、专家组、创标办、领导小组
流程描述	首先由实施单位编制实施方案，由专家组和创标办分别审核，审核无误后由领导小组进行资源协调，实施单位依据方案开始实施，最后由专家组与创标办共同验收
流程频次	每月一次
流程输出	《实施方案定稿》

资料来源：来自本书团队咨询设计案例。

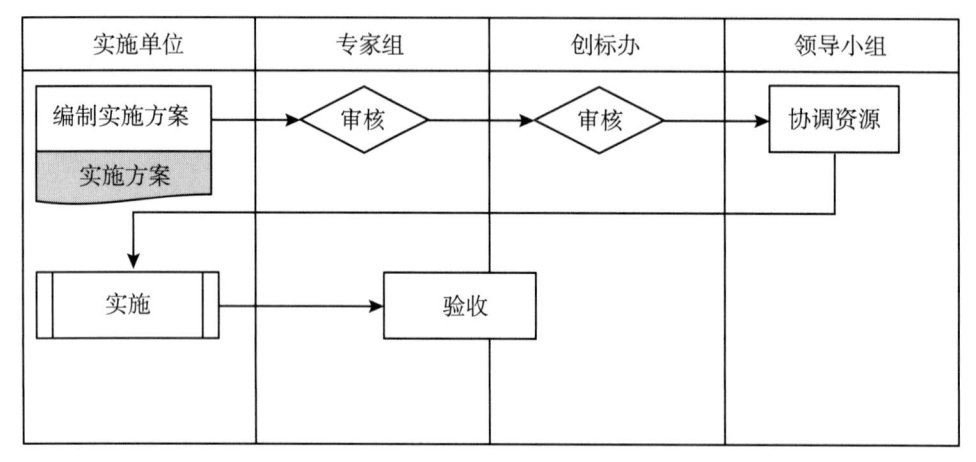

图 4-12　政府层面标准实施

资料来源：来自本书团队咨询设计案例。

（3）地方标准编制（见表 4-19、图 4-13）。

表 4-19　　　　　　　　　　地方标准编制

流程名称	地方标准编制
交互对象	创标办、领导小组、起草单位
流程描述	首先由创标办立项地方标准，交由领导小组审核，审核通过后由创标办选定起草单位编制地方标准，最后由创标办评审与发布地方标准
流程频次	每周一次
流程输出	

资料来源：作者根据相关资料整理。

```
创标办          领导小组         起草单位

立项  ──→   ◇审核◇
              │
              ↓
选定起草单位 ─────────────→  标准编制
  │
  ↓
评审与发布
```

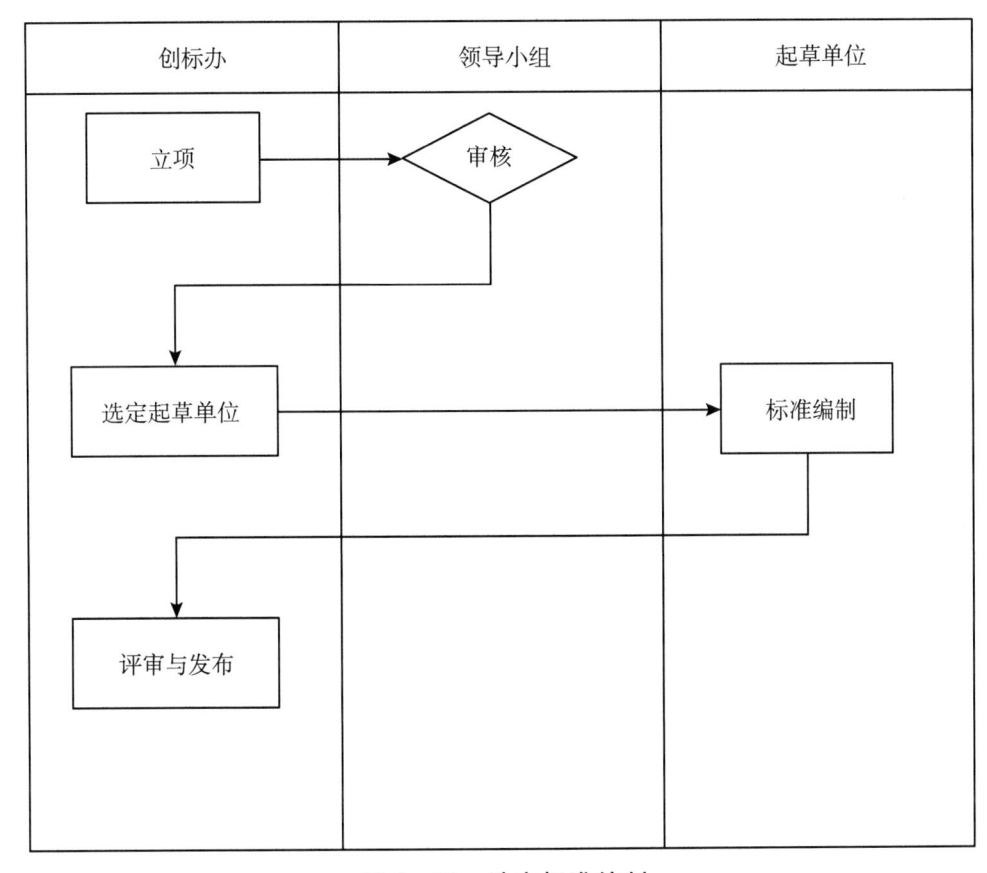

图 4 – 13　地方标准编制

资料来源：来自本书团队咨询设计案例。

（4）标准化工作推进会议流程（见表 4 – 20、图 4 – 14）。

表 4 – 20　　　　　　标准化工作推进会议流程

流程名称	标准化工作推进会议流程
交互对象	创标办、专家组、其他部门、试点企业
流程描述	首先由专家组汇总分析创建工作情况并编制相关报告，由创标办组织召开推进会，专家组需要参与会议，其他部门与试点企业根据通知再决定是否参与会议，最后由创标办进行任务分配
流程频次	每周一次
流程输出	《阶段性工作报告定稿》

资料来源：作者根据相关资料整理。

```
┌─────────────┬─────────────┬─────────────┬─────────────┐
│   创标办    │   专家组    │  其他部门   │  试点企业   │
├─────────────┼─────────────┼─────────────┼─────────────┤
│             │ 汇总分析创建│             │             │
│             │   工作情况  │             │             │
│             │      ↓      │             │             │
│             │  编制报告   │             │             │
│             │阶段性工作报告│            │             │
│             │      ↓      │             │             │
│ 组织召开推进会              │             │             │
│      ↓      │      ↓      │     ↓       │     ↓       │
│             │    参会     │    参会     │    参会     │
│      ↓      │             │             │             │
│  任务分配   │             │             │             │
└─────────────┴─────────────┴─────────────┴─────────────┘
```

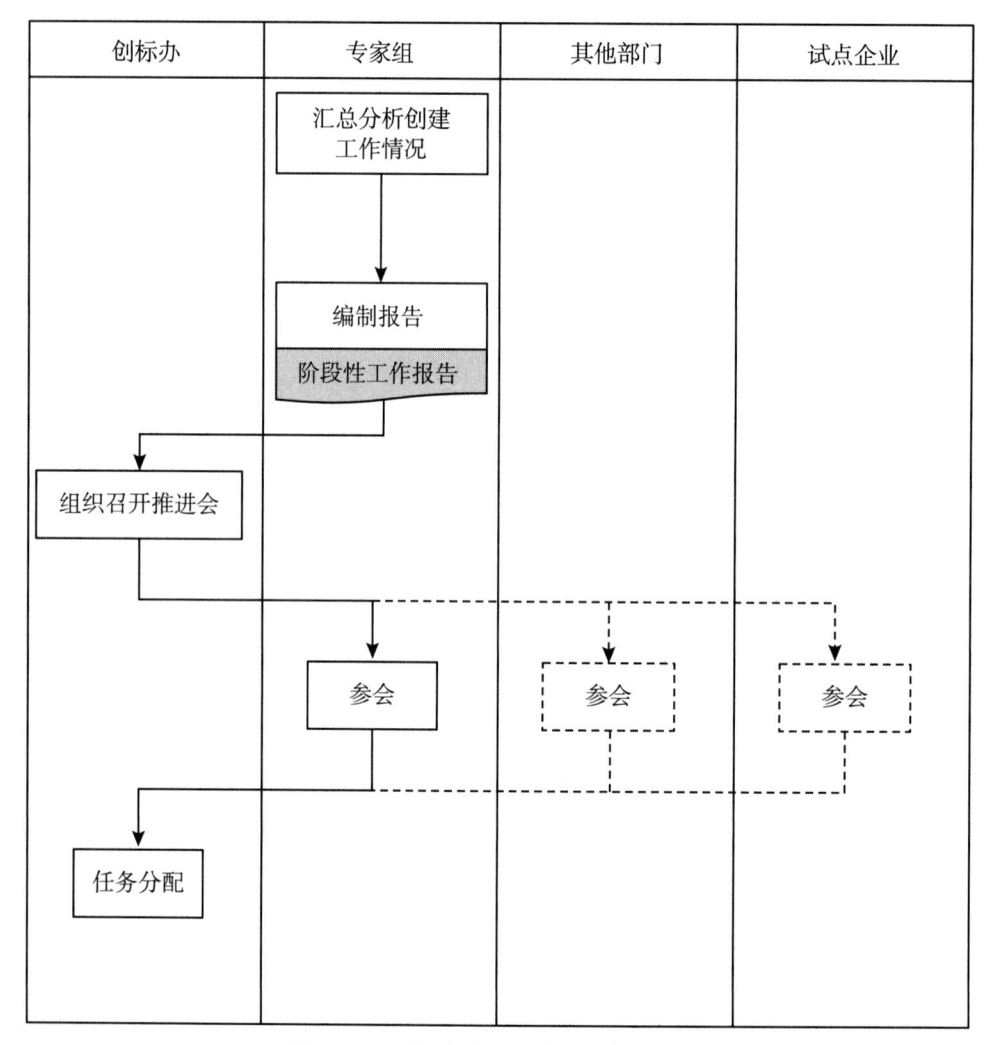

图 4-14　标准化工作推进会议流程

资料来源：来自本书团队咨询设计案例。

（5）工作宣传流程（见表 4-21、图 4-15）。

表 4-21　　　　　　　　　　工作宣传流程

流程名称	工作宣传流程
交互对象	宣传团队、创标办、专家组
流程描述	首先由创标办确定标准化创建期间开展的阶段性活动，宣传团队根据活动内容编制宣传稿，由创标办和专家组分别审核，审核通过后由宣传团队进行发布

续表

流程名称	工作宣传流程
流程频次	每月一次
流程输出	《宣传稿定稿》

资料来源：作者根据相关资料整理。

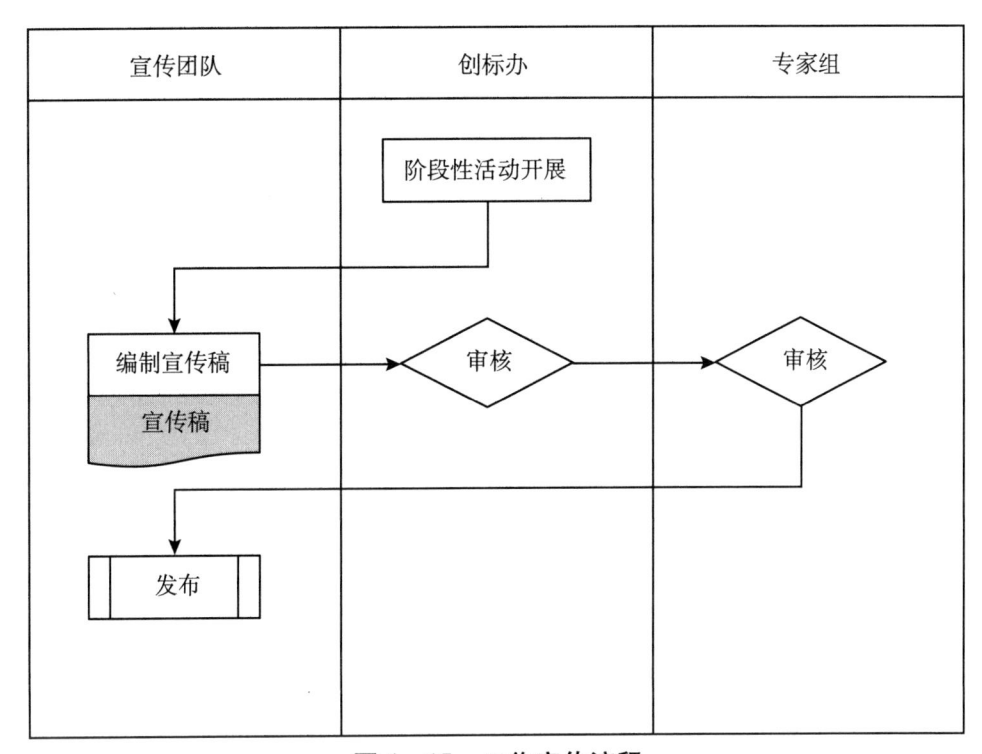

图 4-15　工作宣传流程

资料来源：来自本书团队咨询设计案例。

（6）标准评定流程（见表 4-22、图 4-16）。

表 4-22　标准评定流程

流程名称	标准评定流程
交互对象	创标办、专家组、主管部门、试点企业
流程描述	首先由创标办阶段性组织标准评定活动，由专家组准备评定依据，主管部门联系企业，由创标办、专家组与主管部门组成评定小组去试点企业进行现场评定，评定后由专家组出具评估报告，试点企业根据评估报告进行整改

续表

流程名称	标准评定流程
流程频次	每周一次
流程输出	

资料来源：作者根据相关资料整理。

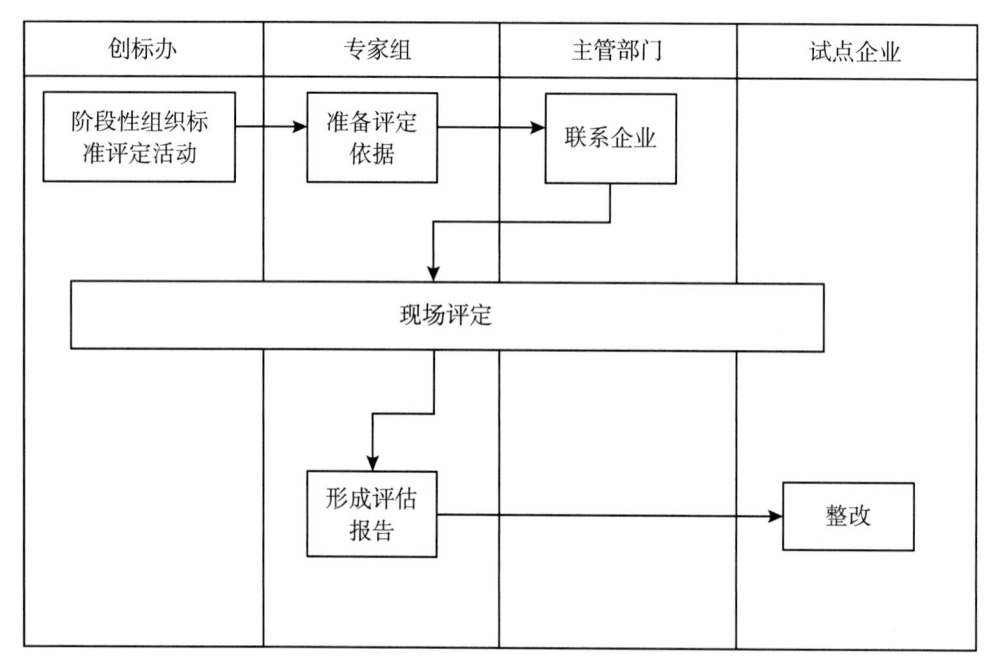

图 4-16　标准评定流程

资料来源：来自本书团队咨询设计案例。

（7）标准活动开展与策划（见表4-23、图4-17）。

表 4-23　　　　　　　　标准活动开展与策划

流程名称	标准化活动开展与策划
交互对象	创标办、活动承办单位、专家组
流程描述	首先由创标办提出活动要求，活动承办单位根据要求编制策划方案，方案由专家组与创标办分别审核，审核通过后由创标办组织活动开展
流程频次	每月一次
流程输出	《活动策划方案定稿》

资料来源：作者根据相关资料整理。

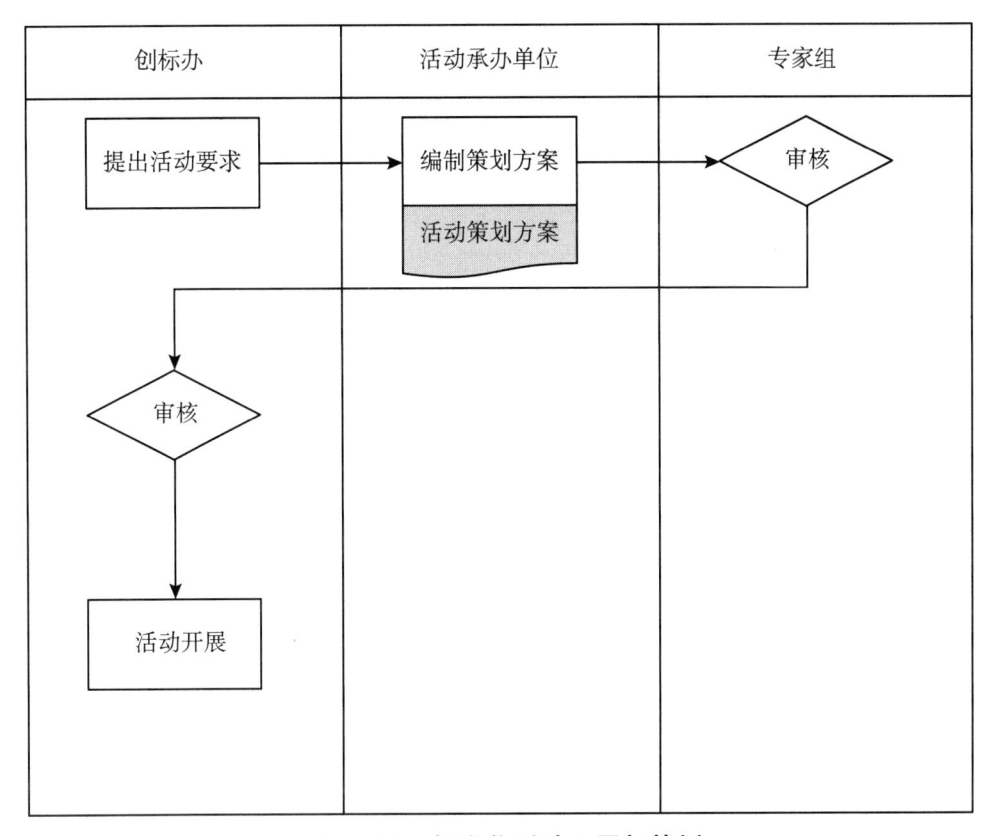

创标办	活动承办单位	专家组
提出活动要求 →	编制策划方案 →	审核
	活动策划方案	
↓ 审核		
↓ 活动开展		

图 4-17　标准化活动开展与策划

资料来源：来自本书团队咨询设计案例。

3. 企业工作流程分解

（1）现场调研辅导工作流程（见表 4-24、图 4-18）。

表 4-24　　　　　　　现场调研辅导工作流程

流程名称	现场调研辅导工作流程
交互对象	专家组、创标办/主管部门、试点企业
流程描述	首先由创标办或主管部门联系试点企业，确定调研时间，由专家组进行现场调研、工作讲解及信息采集，试点企业配合专家组提供相应材料，专家组收到材料后准备后台工作
流程频次	每周一次
流程输出	《调研信息采集表》《导向材料》

资料来源：作者根据相关资料整理。

专家组	创标办/主管部门	试点企业
	联系试点企业 → 确认	
现场调研		
工作讲解		
信息采集 调研信息采集表		提供相应的材料 导向材料、企业
后台工作		

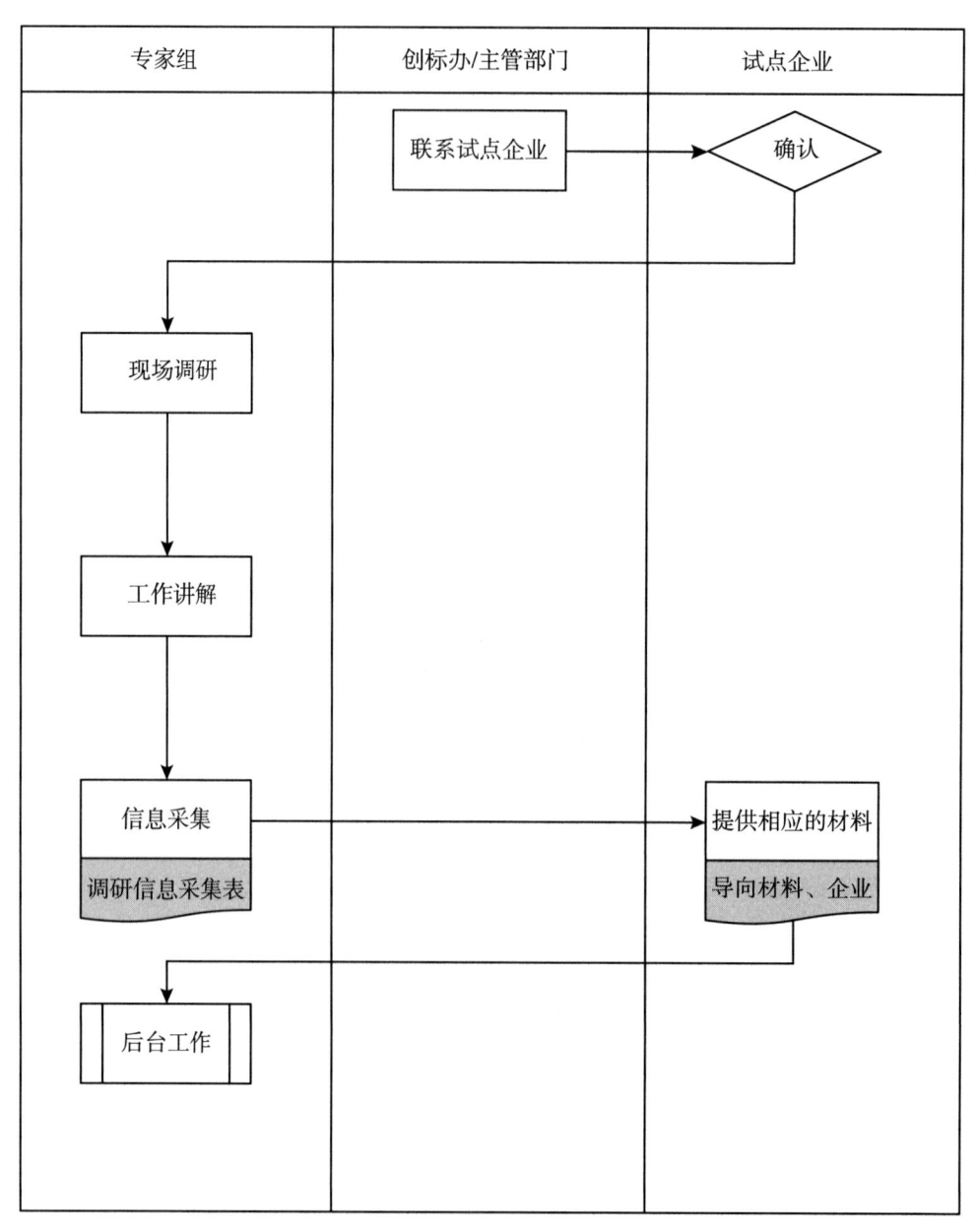

图 4-18 现场调研辅导工作流程

资料来源：来自本书团队咨询设计案例。

（2）企业标准体系建设流程（见表 4-25、图 4-19）。

表4-25 企业标准体系建设流程

流程名称	企业标准体系建设流程
交互对象	专家组、试点企业
流程描述	首先由专家组采集组织机构图,试点企业配合提供企业标准文件,专家组将文件进行平台上线后诊断,企业根据诊断报告完善企业标准
流程频次	每月一次
流程输出	《组织机构图》

资料来源:作者根据相关资料整理。

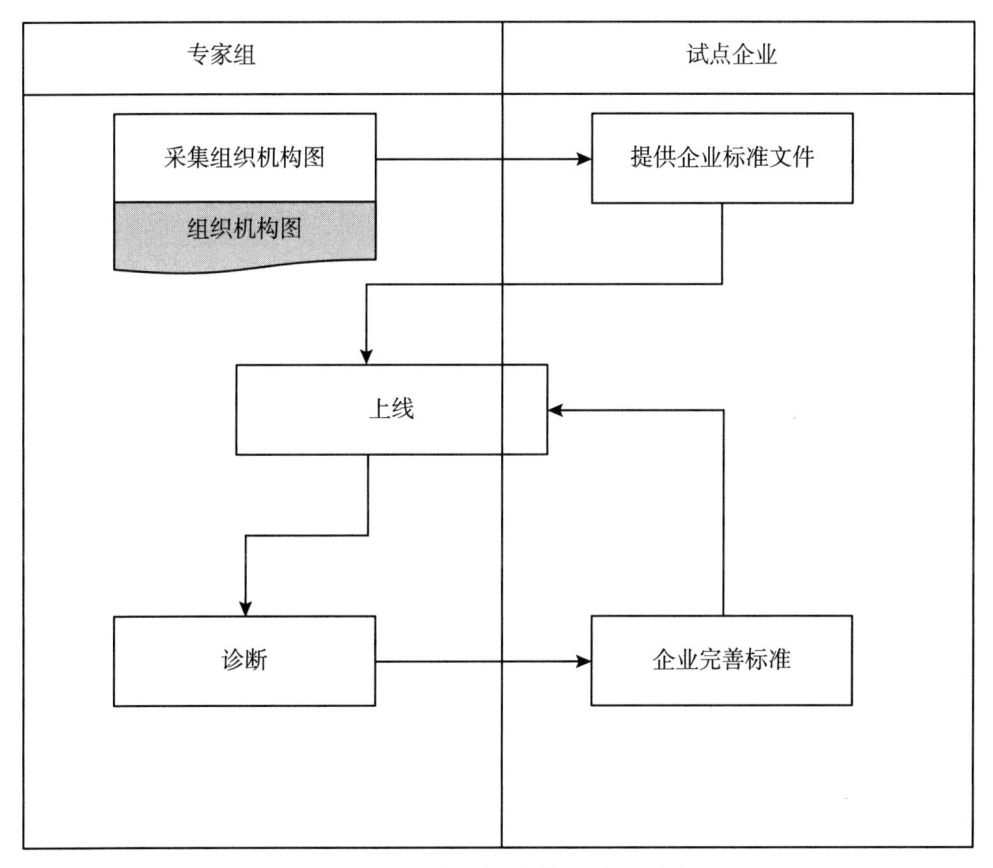

图4-19 企业标准体系建设流程

资料来源:来自本书团队咨询设计案例。

(3) 标准实施流程(见表4-26、图4-20)。

表 4-26　　　　　　　　　　　标准实施流程

流程名称	标准实施流程
交互对象	创标办、专家组、试点企业
流程描述	首先由创标办确定标准实施清单，试点企业提供企业信息，专家组进行小助手上线工作，试点企业利用小助手开始答题，答题开始后专家组可对试点企业进行远程诊断或现场抽查
流程频次	每月一次
流程输出	

资料来源：作者根据相关资料整理。

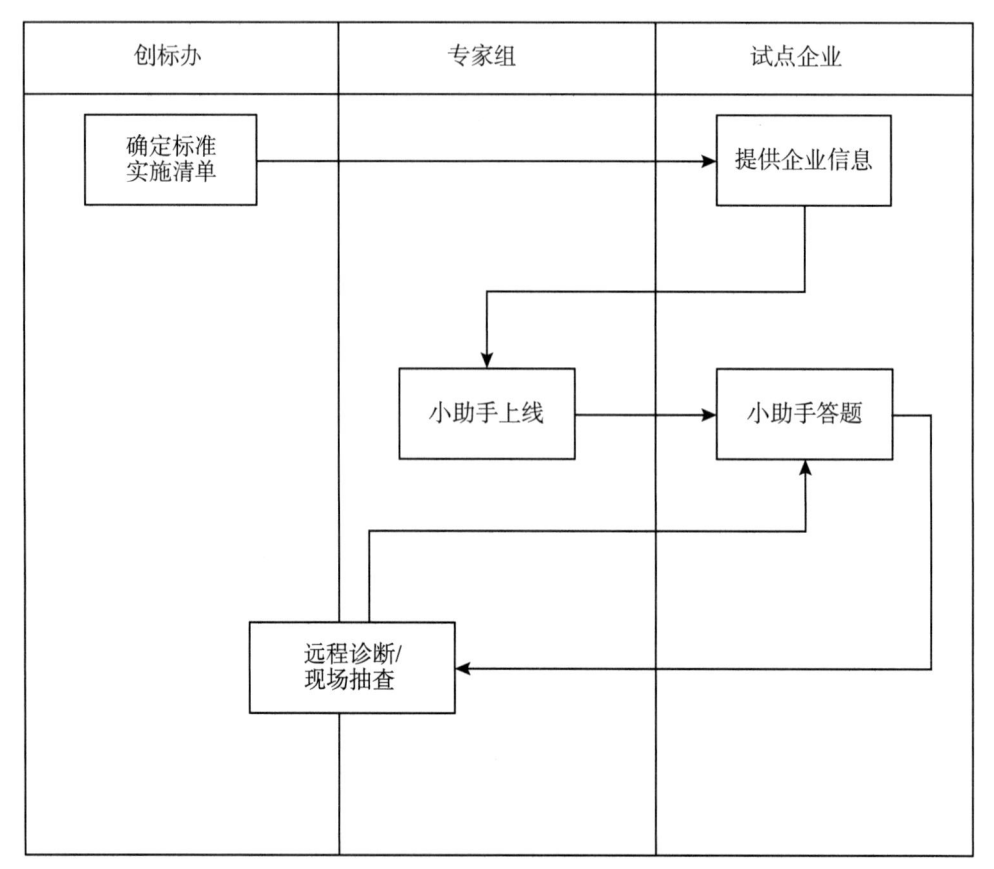

图 4-20　标准实施流程

资料来源：来自本书团队咨询设计案例。

（4）企业公共信息导向系统整改流程（见表 4-27、图 4-21）。

表 4-27　　　　　　　企业公共信息导向系统整改流程

流程名称	企业公共信息导向系统整改流程
交互对象	专家组、旅游委、试点企业、广告公司
流程描述	首先由专家组进行调研，旅游委协调试点企业，试点企业配合专家组调研并提供资料，专家组根据调研情况出具标准化实施方案，试点企业做出审核后交由广告公司制作设计稿，试点企业提供设计稿给专家组审核，审核通过后试点企业可以找广告公司制作安装标识标牌，后续专家组再次审核，审核通过后，试点企业可以等待验收
流程频次	每月一次
流程输出	

资料来源：作者根据相关资料整理。

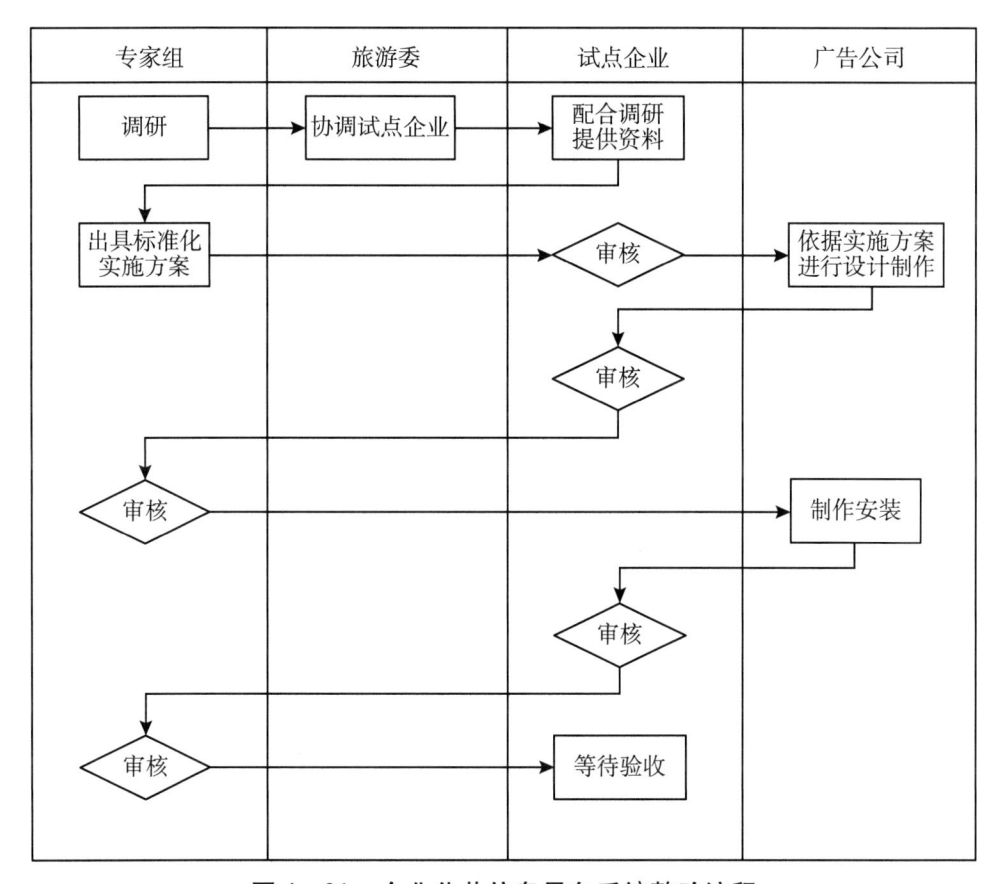

图 4-21　企业公共信息导向系统整改流程

资料来源：来自本书团队咨询设计案例。

(三) 标准化创建工作职能分工

以××地区标准化创建工作为例，××地区标准化创建职能分工主要由三部分组成——旅游标准化创建工作领导小组、旅游标准化创建工作办公室和各行业主管部门。

首先，试点地区高级领导层的工作职责是领导创标小组完成创标工作，做好资源配置，协调各职能部门积极配合创标工作、从职能部门抽调专职人员，成立专班小组，这是标准化创建工作中重要的一环。其次，旅游标准化创建工作办公室由标准化办公室成员和专家组构成，标办人员负责和政府协调沟通并完成专家组分解的各项工作任务，对试点企业的后续创建工作进行督导，专家组在标准化创建过程中负责企业调研、培训及提供相应的技术支持。最后，各行业主管部门则负责配合旅标办对各个分管的试点企业进行督导，使企业最终完成旅游标准化的标准实施和建设工作（见图4－22）。

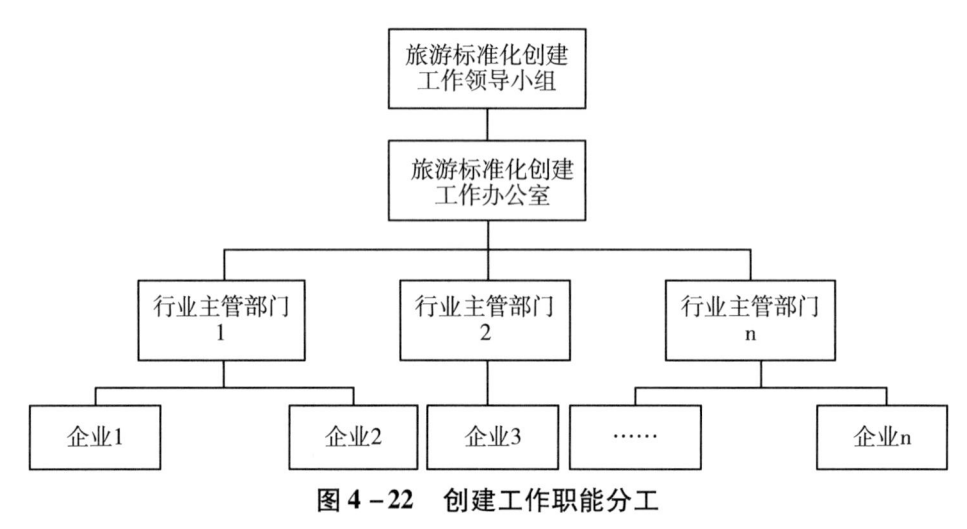

图4－22 创建工作职能分工

资料来源：作者自绘。

(四) 标准化创建工作任务分解

1. 政府层面

创建工作任务分解是创建地区政府为进一步配合创建工作，促进当地旅游服务业标准化工作的深入开展，加强旅游行业管理，规范旅游服务行为和旅游服务市场，增强旅游服务企业自律能力，提高当地旅游服务业的整体水平，让标准成为习惯，让习惯符合标准而制定的。用××地区创建工作任务分解表举例，××地区创建旅游标准化工作任务分解表就是将《全国旅游标准化试点地区工作标准》里的各个项划分了时间节点，这样政府会更加明确如何分配工作任务（见表4-28）。

表4-28　　　　　××地区创建旅游标准化工作任务分解表

阶段	任务名称	任务描述	是否招标	牵头单位	责任单位	截止时间
启动阶段	成立旅游标准化领导机制	以地区主要领导牵头		政府办		
		有发改、财政、质监、交通、环保、商业、文化、城建、宣传、安监等部门参与		政府办		
	创标办正式成立	专门的办公场地及设备	招标	旅游委	财政局	
		出台相关政策文件		创标办		
		办公室创建氛围布置		创标办		
	落实创建工作经费	根据创建工作总体预算落实创建工作需要的经费。包括重点项目建设、工作标准、以奖代补落地贯标、试点企业验收奖励经费等		财政局	创标办	
	编制《旅游标准化发展规划》	委托第三方编制并开始编制标准化发展规划	招标	创标办	旅游委、专家顾问组	
	编制《旅游标准化管理办法》	自行编制或者委托第三方编制旅游标准化管理办法	招标	创标办	专家顾问组	
	定期召开标准化工作推进会	每周一次		创标办	成员单位	
	出台旅游标准化工作的相关政策	旅游标准化试点纳入政府重点工作		政府办	考评办、创标办	
		奖励及扶持政策		创标办	财政局、旅游委、政府	

续表

阶段	任务名称	任务描述	是否招标	牵头单位	责任单位	截止时间
启动阶段	出台旅游标准化工作的相关政策	对制定旅游业地方标准给予扶持奖励		创标办	财政局、旅游委	
		相关部门对旅游标准化工作有倾斜政策		创标办	各成员单位	
		制定旅游标准化工作管理办法		创标办	专家顾问组	
		创建期间对旅游标准化试点工作投入资金		创标办	财政局	
	完成《旅游标准化试点地区工作实施方案编制》	自行编制或者委托第三方编制旅游标准化试点地区工作实施方案编制，并将工作方案纳入政府重点工作		创标办	政府办	
	完成《旅游标准化创建各部门工作方案》	将任务分发至各协作部门，并限期要求各部门编制工作方案，责任到人		创标办	各成员单位	
	确认本地区试点企业名单	根据评估表第四部分要求选定试点企业名单		创标办	旅游委、农委、卫计委、经信委、文体新广局、商务局、房管局	
	召开启动大会	召开地区推进实施旅游标准化工作动员大会，与各有关负责单位签订目标责任书，确立各相关职能部门的年终考核绩效目标		创标办	各成员单位	
	开展并持续相关的宣传工作	通过媒体进行宣传	招标	委宣传部	创标办、报社、广播电视台	
		通过印刷品进行普及	招标	创标办	各成员单位	

续表

阶段	任务名称	任务描述	是否招标	牵头单位	责任单位	截止时间
启动阶段	学习考察	赴其他地区学习先进的工作经验（2次）		创标办	政府办	
	开展精细化培训	由试点地区统一组织，有相关培训记录和培训资料；旅游相关企业包括（但不限于）旅行社、旅游住宿、景区、旅游餐饮、旅游购物、旅游车船、旅游娱乐、农家乐等各类型		创标办	各成员单位、专家顾问组、各试点企业	
实施阶段	根据国标【《城县公共厕所卫生标准》（GB/T 17217－1998）】建设或整改旅游厕所	确定旅游厕所建设及整改范围，制定旅游厕所建设及整改方案，开展旅游厕所评定及挂牌工作	招标	创标办	发改委、旅游委、城建委、城管局、交通局、管委会、政府、开发区管委会	
	根据国标【《城县旅游公共信息导向系统设置原则与要求》（GB/T 31382－2015）】建设或整改城县旅游公共信息导向系统	出具旅游公共信息导向系统整改方案，落实整改安装旅游道路标牌	招标	创标办	旅游委、城建委、公安局、规划局、交通局、城管局、行政审批局、政府、开发区管委会	
	根据国标【《旅游信息咨询中心设置与服务规范》（GB/T 26354－2010）】建设或整改旅游信息咨询中心	确定旅游信息咨询中心选址，出具旅游信息咨询中心建设或整改方案，按照整改方案落实建设及整改方案	招标	创标办	旅游委、城建委、规划局、交通局、政府、机场、火车站	
	根据国标【《城县旅游集散中心等级划分与评定》（GB/T 31381－2015）】建设或整改城县旅游集散中心	确定旅游集散中心选址，出具旅游集散中心建设或整改方案，按照整改方案落实建设及整改方案	招标	创标办	旅游委、城建委、规划局、交通局、政府、开发区管委会、火车站	

续表

阶段	任务名称	任务描述	是否招标	牵头单位	责任单位	截止时间
实施阶段	根据国标【《风景旅游道路及其游憩服务设施要求》(LB/T 025-2013)】建设或整改城县风景旅游道	确定风景旅游道选址，出具风景旅游道建设或整改方案，按照整改方案落实建设及整改方案	招标	创标办		
	根据国标【《绿道旅游设施与服务规范》(LB/T 035-2014)】建设或整改绿道	确定绿道选址，出具绿道建设或整改方案，按照整改方案落实建设及整改方案	招标	城管局		
	落实其他国行标	待定……	招标	创标办	城建委、商务局、规划局、城管局等成员单位	
	制定地方旅游标准	主导或参与制定各类地方旅游标准		县质监局	农委、旅游委等成员单位	
	建立并完善旅游标准化体系	根据地区实际，建立地区旅游标准化体系，并将社会住宿设施纳入旅游标准化管理体系		创标办	旅游委、商务局、公安局等成员单位	
	创建旅游标准化试点企业	配合专家组完成【旅行社】行业的创建工作	招标	创标办	旅游委	
		配合专家组完成【景区】行业的创建工作		创标办	旅游委	
		配合专家组完成【饭店】行业的创建工作		创标办	旅游委、商务局	
		配合专家组完成【购物】行业的创建工作		商务局		
		配合专家组完成【旅游交通】行业的创建工作		创标办	交通局、公安局	

续表

阶段	任务名称	任务描述	是否招标	牵头单位	责任单位	截止时间
实施阶段	创建旅游标准化试点企业	配合专家组完成【旅游街区】行业的创建工作	招标	创标办	地区政府、商务局、城管局	
		配合专家组完成【娱乐】行业的创建工作		文体新广局		
		配合专家组完成【餐饮】行业的创建工作		商务局	食药监局	
		配合专家组完成【旅游+地产】行业的创建工作		房管局		
		配合专家组完成【旅游+工业】行业的创建工作		经信委		
		配合专家组完成【旅游+教育】行业的创建工作		教育局		
		配合专家组完成【旅游+科技】行业的创建工作		经信委	科技局	
		配合专家组完成【旅游+农业】行业的创建工作		农委	地区政府	
		配合专家组完成【旅游+体育】行业的创建工作		文体新广局	地区政府	
		配合专家组完成【旅游+医疗】行业的创建工作		卫计委	地区政府	
迎检验收阶段	政府及企业自查工作	政府和企业在专家团队的指导下以迎检为标准开展自查工作		创标办	各成员单位	
	数据统计	完成【旅游收入水平】【游客人数增长】【投诉比例】等数据进行统计		创标办	旅游委、统计局	
	汇报材料	编制汇报PPT，准备迎检材料		创标办	专家顾问组	

续表

阶段	任务名称	任务描述	是否招标	牵头单位	责任单位	截止时间
迎检验收阶段	宣传片	根据地区创建工作进程编制汇报宣传片	招标	创标办	县委宣传部	
	迎检线路设计	根据地区旅游要素，试点企业等编制迎检路线，演练		创标办	专家顾问组、各成员单位	
	验收组接待方案设计			创标办	专家顾问组	

资料来源：作者根据相关资料整理。

2. 企业层面

创建工作任务不仅限于政府，关于试点企业需要完成的工作有参与培训、了解标准、助手答题、标准实施等工作，试点企业是旅游标准化创建工作的最基本责任单元，也是创建任务的最终载体。试点企业创建工作任务包括但不限于贯彻执行相关国行地标、完善公共信息导向系统、完善企业标准等工作。以下是试点企业的工作任务分解。

（1）按照《全国旅游标准化试点企业工作标准》要求做好旅游标准化推广工作，要求有组织机构、有工作方案、有落实措施。

（2）参加当地旅游标准化培训，组织试点企业实施国家标准、行业标准，建立试点企业内部旅游标准化体系并达到示范要求。

（3）试点企业主要负责人为第一责任人，企业要把承担的工作任务进行分解，将其落实到相关部门和相关责任人。

（4）试点企业按时间节点要求完成各项任务，如标准实施助手答题、公共信息导向整改、各项标准实施、建立完善标准体系文件等，并将完成工作任务的总结材料报送至旅标办。

（5）试点企业要把旅游标准化工作列入本单位工作考核目标。做到责任明确，措施到位，有检查，有落实，政府将组织随机检查和年终考核，并对任务落实情况进行通报。

3. 专家层面

关于专家组的创标工作任务有上线政府层面旅游标准化信息平台、上线地区标准实施助手、开展精细化培训、企业一对一辅导、编制旅游标准化发展规划、编制公共信息导向系统、配合政府完成迎检工作等。专家组在创建标准化过程中具体调研辅导工作主要是针对企业的导向标识系统、企业标准体系、旅游标准化基础工作以及需要实施的国标、行标、地标标准进行调研,并对各试点企业如何编制、整理企业标准体系进行详细讲解,对各企业导向标识系统按照国家标准进行排查,收集企业信息,调研后将出具整改报告并对各企业需要落实的国家标准、行业标准以及地方标准进行指导(见表4-29)。

表 4-29　　　　　　　　专家组创建工作职能分工

序号	任务	具体任务描述
1	上线政府层面旅游标准化信息综合平台	开通政府账号
		收集政府材料
		督促/帮助政府上传
		导出生成汇编材料
2	上线地区标准实施助手	确认企业名单
		确认企业拟实施的标准
		企业注册
		权限及系统调试
3	开展精细化培训	确认培训时间
		确认培训场地
		确认培训对象
		确认培训讲师
		标准化基础知识
		标准化创建工作任务讲解
		标准化实施工具
		公共信息导向系统
		行业标准解读
4	开展试点企业一对一辅导	行业企业集中动员
		采集组织机构
		采集企业标准

续表

序号	任务	具体任务描述
4	开展试点企业一对一辅导	上线标准体系管理系统
		现场调研导向工作
		编制导向工作方案
		辅导企业基于标准实施助手实施企业标准
		指导企业实施标准化创建辅助工作
		指导企业迎检验收
5	编制旅游标准化发展规划	—
6	编制城市公共信息导向系统	前期资料审阅
		图上作业
		现场调研导向工作
		编制成果初稿
		评审
		成果定稿
7	辅导政府出台相关政策	旅游标准化试点纳入政府重点工作
		奖励及扶持政策
		对制定旅游业地方标准给予扶持奖励
		相关部门对旅游标准化工作有倾斜政策
		制定旅游标准化工作管理办法
		创建期间对旅游标准化试点工作投入资金
		政府层面工作任务分解
8	配合政府完成迎检工作	迎检方案
		汇报 PPT

资料来源：作者根据相关资料整理。

（五）标准化创建核心工作 SOP

标准化创建核心工作按照宏观时间节点进行划分可分为三个阶段，即启动阶段、创建阶段和迎检验收阶段。具体每个阶段的工作可以根据下列具体要求实施。

1. 启动阶段

包括但不限于成立旅游标准化领导机制、成立创标办、落实创建工作经费、启动编制《旅游标准化发展规划》、启动编制《旅游标准化管理办法》、召开启动大会、出台旅游标准化工作的相关政策、完成《旅游标准化试点地区工作实施方案编制》、完成《旅游标准化创建各部门工作方案》、确认本地区试点企业名单、定期召开标准化工作推进会、开展并持续相关的宣传工作、学习考察、开展精细化培训等任务。

2. 创建阶段

包括但不限于根据国标《城县公共厕所卫生标准》（GB/T 17217 – 1998）建设或整改旅游厕所、根据国标《城县旅游公共信息导向系统设置原则与要求》（GB/T 31382 – 2015）建设或整改城县旅游公共信息导向系统、根据国标《旅游信息咨询中心设置与服务规范》（GB/T 26354 – 2010）建设或整改旅游信息咨询中心、根据国标《城县旅游集散中心等级划分与评定》（GB/T 31381 – 2015）建设或整改城县旅游集散中心、根据国标《风景旅游道路及其游憩服务设施要求》（LB/T 025 – 2013）建设或整改城县风景旅游道、根据国标《绿道旅游设施与服务规范》（LB/T 035 – 2014）建设或整改绿道、落实其他国行标、制定地方旅游标准、建立并完善旅游标准化体系、创建旅游标准化试点企业等工作。

3. 迎检验收阶段

包括但不限于创建旅游标准化试点企业、政府及企业自查工作、数据统计、汇报材料、宣传片、迎检线路设计、验收组接待方案设计等工作。

四、旅游标准化地区创建经验

（一）武汉经验[①]

1. 基本情况

武汉市是 2012～2014 年第二批全国旅游标准化试点的两个副省级城市之一，

---

① 本案例来自本书团队咨询实践案例之"总结报告"。

武汉市围绕建设"国家中心城市"和"国际化大都市"的远景目标，全面推动旅游标准化试点工作，全市旅游产业呈现出蓬勃发展的良好态势。

2013年，武汉市共接待海内外游客1.7亿人次，实现旅游总收入1 680.75亿元，同比分别增长20%和20.4%，在15个副省级城市中分别居第一位和第二位；旅游产业被确定为全市"服务业升级计划"重点打造的十大产业集群之一。按照市委、市政府的工作要求，武汉市在旅游标准化试点工作中，明确提出了"四个第一"的高标准要求，即力争做到试点企业规模全国第一、地方标准制定总量全国第一、标准信息化管理水平全国第一和终期总评分数全国第一。

武汉市在旅游标准化试点工作中，积极组织6个试点区、44家相关部门和130家试点企业全面参与创建工作，深入贯彻落实《全国旅游标准化试点地区工作标准》，圆满完成了试点工作的各项任务，较好地达到了创建工作的终期评估验收标准。

（1）加强领导，统筹部署，强力推进旅游标准化试点工作。

在国家旅游局和湖北省委、省政府的关心支持下，武汉市委、市政府高度旅游标准化工作对于旅游业可持续发展的重要作用，积极支持武汉市建设"国家旅游中心城市"和"最佳旅游目的地"的奋斗目标，将创建全国旅游标准化示范城市工作纳入了市政府工作计划和绩效管理目标，明确提出了"顶层构架、条块结合、城区联动、示范引领"的创建总体思路，市旅游、质监、城建、交委、城管、商务、文化、农业、园林等相关部门明确分工、密切配合，全市旅游标准化试点工作扎实、有序推进。

①各级领导重视，形成大旅游工作格局。

国家旅游局和湖北省委、省政府十分重视和关心武汉市旅游业的发展，关注和支持武汉旅游标准化试点工作。湖北省委、省政府领导及时任国家旅游局邵琪伟局长等领导以不同方式对武汉旅游业发展作出了指示和要求。2011年4月，国家旅游局局长邵琪伟、全国人大财经委委员陈耕、国家旅游局副局长杜一力等领导调研全国人大旅游法立法中的有关重点难点问题，并分别召开了三个专题座谈会。2012年3月，全国旅游标准化工作会议在汉召开，国家旅游局副局长杜江、湖北省副省长张通、省旅游局局长张达华等领导出席会议并正式宣布武汉市成为全国第二批旅游标准化试点城市。

在国家旅游局和省旅游局的指导支持下，武汉市委、市政府主要领导高度重视、统筹部署全市旅游标准化创建工作。2012年8月，武汉市政府常务会专题讨论旅游标准化创建工作，同月召开全市创建全国旅游标准化示范城市动员大会；2013年1月在武汉市第十三届人民代表大会第二次会议上，唐良智市长做了《武汉市政府工作报告》，将创建旅游标准化工作列入今后两年政府工作内容。创建期间，各级领导先后共28次深入旅游一线开展调研，组织旅游企业座谈，亲自部署，直接指导，其中，市政府领导组织召开创建工作专题会议共15次，实地督查指导试点工作13次。

②组织机构健全，形成部门工作合力。

2013年，武汉市委、市政府调整了旅游产业发展委员会组成人员并由唐良智市长亲自担任产业发展委员会主任，同时将旅游标准化创建工作列入武汉市国民经济和社会发展"十二五"规划并写入了今后两年的政府工作报告。市委、市政府建立了旅游标准化长效机制，成立了以市长为组长，市委常委和宣传部部长、市政府分管副市长、市政府秘书长为副组长，市旅游局局长、市质监局局长及市直相关部门和区政府主要领导为成员的市创建全国旅游标准化示范城市工作领导小组。黄陂区、武昌区、洪山区、汉阳区、江岸区、东湖生态旅游风景区管委会6个区级政府、市直相关部门、各试点企业也成立了相应的旅游标准化试点工作组织机构，形成了分级管理、部门协调、上下联动的工作机制。制订了《武汉市旅游标准化试点工作实施方案》，签订了《武汉市旅游标准化试点工作任务书》，下发了《市人民政府关于印发武汉市创建全国旅游标准化工作方案的通知》，明确了阶段目标、工作步骤和保障措施，把试点目标任务合理分解到各部门各单位。市质监、环保、城建、卫生、城管、工商、体育、园林、农业、科技、商务等13个核心部门和黄陂区、武昌区、洪山区等6个试点区也分别制定了具体工作方案，细化目标，明确任务，责任到人。此外，市创建办还专门从旅游、质监、城建、城管、文化、交委、农业、园林、商务等职能部门抽调了56名工作人员进行集中办公，并分别制定了工作纪律、岗位职责、财务管理等11项工作制度汇编。

③政策配套完善，形成多元化投入机制。

一是加快旅游标准化立法。2013年9月，武汉市率先以地方政府规章形式制定出台《武汉市旅游标准化工作管理办法》，为全市旅游标准化试点工作提供了强有力的立法支持。二是健全旅游标准化管理机制。2013年，武汉市制定出台了旅游标准化发展规划和旅游业标准体系表，成立了武汉市旅游标准化技术委员会，作为武汉市推进旅游标准化工作的专业性技术机构。三是强化旅游标准化资金保障。市级财政明确了 2012 年、2013 年两年累计直接投入 9 000 万元，6 个试点区财政直接投入 1.8 亿元，用于支持和推进全市旅游标准化创建工作。武汉市旅游标准化工作领导小组将标准化工作职责纳入相关部门的市级年度绩效目标考核，截至目前，市城建、交委、城管、财政、农业、质监、文化、广电、商务、园林、旅游 11 个部门先后制定出台了旅游标准化工作倾斜政策。实行多元化资金投入引导机制，市、区政府、领导小组成员单位、试点企业已累计直接和间接投入各项资金 27.2 亿元。四是落实旅游标准化奖励政策。2013 年 9 月，武汉市制定出台了《武汉市旅游标准化工作奖励扶持办法》，形成了专门的奖励扶持制度，目前已经按照该办法兑现了武汉旅游客车联盟的工作经费、全市星级厕所的建设补贴、集散中心的建设补贴等各项奖励性资金，各试点区、相关部门也及时兑现了各种补贴奖励 2 000 余万元。

④宣传发动深入，形成社会参与创建氛围。

在标准化培训方面，专门聘请了中南财经政法大学等专家学者组成武汉市旅游标准化试点工作专家组，根据旅游标准化体系建设的规范和要求，结合武汉实际，编制了《武汉创建全国旅游标准化示范城市标准手册》等系列培训教材资料共 8 大类 25 万册，共组织各类标准化培训班 73 期、14 000 人次，其中，统一组织全行业单位进行培训 16 期、4 028 人次，统一组织标准化试点单位进行培训 5 期、517 人次，统一组织市相关部门进行培训 9 期、2 594 多人次，各试点区统一组织培训 43 期、7 510 多人次，较好地普及了标准化知识。

在标准化宣传方面，武汉市以提高标准化知晓和普及率为工作目标，努力营造"与世界同步、与标准同行"的创建社会氛围。一年多来，全市共投放了创建宣传资料 35 万份、招贴画 4 万张（套）、地铁广告 960 余条、户外大型立柱和室内灯箱广告等 300 余块，编制印发《旅游标准化知识百问百答》2 万本，在《长江日报》《武汉晚报》《楚天下》、武汉旅游和长江网等媒体刊发创建专版 10 个、专栏 30 期，各媒体创建报道 400 余条，武汉电视台《武汉新闻》《百姓连线》《直播大武汉》等栏目上制作播放了 10 个电视系列专题，在全国旅游标准化试点平台上报送简报超过 160 期。此外，还建立了武汉市创建旅游标准化示范城市官方网站和官方微博，搭建了互动互学平台，不断充实更新标准化工作内容，及时反映标准化试点工作情况，促进了学习交流，全行业旅游标准化意识得到了普遍提高。

⑤监督检查有力，形成层层推进工作效果。

一年多来，市政府领导多次亲临市标准化创建办现场办公，常务副市长贾耀斌、分管副市长刘英姿等领导先后 13 次实地督查指导，办公厅副主任张东风到一线督导工作 20 余次，市政府督察室等部门先后 3 次对重点单位进行现场督查。市政府办公厅、市标准化办公室及相关部门还重点加强了对各试点单位的直接检查指导，现场对各单位标准化实施情况提出指导意见和整改要求。

一年多来，国家旅游局和省旅游局先后 6 次来武汉进行检查和指导标准化工作，其中，国家旅游局张海燕副司长 2 次专程来汉指导工作，省旅游局钱远坤局长、李开寿副局长也多次来我市进行调研和指导。在国家旅游局和省旅游局指导下，目前武汉市已对照《全国旅游标准化试点地区工作标准》完成了试点自查工作，武汉在全部五大类 30 项工作中均达到标准要求，自评总分为 995 分，较好地完成了试点工作目标。

（2）提升功能，强化服务，贯彻落实国家标准和行业标准。

为更好地方便游客在武汉市开展旅游活动，武汉市对城市旅游公共服务平台进行了全面规划建设，启动了武汉旅游集散中心、武汉旅游信息咨询中心、星级旅游厕所、旅游标志标牌、智慧旅游五大重点项目的建设工作，按照国家一级城市旅游集散中心标准，完成了杨春湖旅游集散中心和黄鹤楼旅游集散中心的规划建设，对主城区内 826 座公共厕所进行了标准化改造。此外，全市三星级以上宾馆、3A 级以上景区、博物馆、主要旅游特色街区、旅游公共场所和高速、火车站、机场、地铁站、汽车站、城市道路上均设立了旅游行车导向标识。截至目前，全市共新增旅游行车导向标牌 1 222 块，已建成 467 块，在建 225 块；新增旅游行人导向标识 475 处，在建 205 处；全市 136 家试点单位和武汉火车站、汉口火车站、武昌火车站、天河机场等重点交通枢纽内的公共信息图形符号和公共信息导向系统全部进行了整改，仅东湖风景区就投入 700 多万元对景区内标识标牌进行了规范，2 389 块标牌全部更新安装完成。目前，武汉市已建成一级城市旅游集散中心 2 个、旅游信息咨询中心 58 个、旅游星级厕所 66 座。

为提高武汉旅游基础设施建设和管理服务水平，武汉市对照国家标准和行业标准，加快推进旅游服务设施的提档升级。目前，经省级以上旅游标准化部门认定的标准化示范单位包括：旅游度假区 1 家、生态旅游示范区 1 家，民族民俗文化旅游示范区 1 家，绿色旅游景区 2 家，星级内河游船企业 2 家，游乐园（场）1 家。经市级旅游标准化部门认定的标准化示范单位包括：旅游接待指定餐饮店 80 家，其中，金盘级旅游餐饮 22 家，银盘级旅游餐饮 8 家；旅游购物示范点 6 家，旅游购物推荐点 4 家，旅游标准化文化娱乐场所 14 家；星级旅游汽车公司 5 家，其中，四星级旅游汽车公司 1 家；此外，在标准化新领域方面还完成了 53 家绿色饭店、2 条游览船、1 家四星级公寓（别墅）、1 家旅游电子商务网站的认定工作。

（3）科学规划，着眼长远，建立健全旅游业地方标准体系。

旅游业地方标准体系是展现地方特色和魅力的重要技术载体，旅游业地方标准的水平和质量，直接关系到城市旅游业特色和亮点的培育和打造。在一年多的创建过程中，武汉市在贯彻落实国家标准和行业标准的同时，根据我市旅游业特点和实际，研究制定了一批全国领先、特色鲜明的旅游业地方标准，并且逐步形成了特色地方标准体系。

①注重探索实践，加大标准化创新力度。

在省级地方标准方面，组织编制的首个省级旅游地方标准——《武汉市休闲农舍、休闲山庄质量等级划分与评定》（DB42/T 313 - 2005），获得了市质量技术监督科技成果一等奖，以此标准为蓝本，省、市旅游局又联手制定了《农家乐星级划分与评定》和《休闲农庄星级划分与评定》2 个省级旅游地方标准并已在全省范围内推广施行。同时，武汉市还组织开展了将《武汉市旅游名镇评定规范》《武汉市旅游名村评定规范》《武汉市导游员星级划分与评定规范》《武汉旅游购物商店等级划分与评定规范》《旅游行车导向标志设置规范》《城市旅游服务质量与评价规范》6 个地方标准上报立项为省级地方标准的工作。

在市级地方规范方面，以《城市旅游服务质量与评价规范》为龙头，武汉市还先后编制完成了《武汉市旅游景区（点）承载量评价技术规范》《武汉市社会住宿服务规范》《两江游览服务规范》《内湖游船服务规范》《赏花旅游服务规范》《科教旅游服务规范》《武汉市旅游特色街区评定规范》《武汉市旅游信息咨询中心设置与服务规范》等 14 个系列特色地方标准（地方规范）。其中，

《武汉市旅游景区（点）承载量评价技术规范》等地方标准是全国首创的、与《中华人民共和国旅游法》紧密衔接的前沿性地方标准。

②强化评估考核，狠抓地方标准实施。

在地方标准执行方面，武汉市通过建立健全评估考核机制，现已完成了《旅行社等级划分与评定》《旅游汽车服务质量等级划分与评定》《导游服务质量等级划分与评定》《旅游购物场所等级划分与评定》等11项省级地方标准和14项市级地方标准（地方规范）的贯彻施行工作。通过上述地方标准的实施推广，武汉市共筛选出80家重点单位，50家优秀单位，25家标杆单位，其中，黄陂区、湖北康辉国际旅行社、黄鹤楼公园、江城明珠豪生大酒店、武汉轮渡公司等单位已分别成为试点地区、旅行社、景区、饭店和内河旅游船的标杆代表；同时，湖锦酒楼锦江店、中商百货连锁有限责任公司中商广场、武汉市苏荷西餐酒吧、武汉旅游客运联盟等单位也分别被评定为旅游餐馆、旅游购物场所、旅游娱乐场所、旅游客运公司等相关行业领域的示范单位。一年多的推广实践表明，上述试点单位在贯彻落实地方标准、全面提升服务品质等方面起到了全市示范引领作用。

③突出地方特色，健全标准化工作机制。

为充分彰显城市特色，武汉市较早地组织专家对《中华人民共和国旅游法》和《国民旅游休闲纲要》等立法最新成果进行了研究借鉴，创造性地将旅游环境容量控制、赏花旅游、科教旅游、内湖游船以及旅游名村、旅游名镇、旅游名街（特色旅游街区）等纳入旅游业地方标准体系中。目前，武汉市不仅出台了《武汉市旅游景区（点）承载量评价技术规范》《城市旅游服务规范》等一批全国首创的旅游业地方标准，而且还制定了比较完善、系统的《武汉市旅游标准化发展规划》和《武汉市旅游业标准体系表》，同时完成了全国首个以地方政府规章制定出台的旅游业标准化立法项目，既满足了当前旅游业发展对标准的实际需要，展示了武汉旅游发展新业态，又保持了城市旅游标准体系的可扩充性，为新的标准发展预留了空间。

（4）典型示范，标准引领，努力培育试点企业做强做大。

截至2013年底，武汉市共有1 600户旅游基本单位；有A级景区30个，其中，国家5A级景区2个、4A级景区16个；有6家旅行社集团；有星级饭店98家，五星级饭店13家，四星级饭店31家；有6个市级旅游名镇，3个市级旅游名村，6个市级旅游名街；有133个星级农家乐，其中，五星级6个农家乐，四星级农家乐19个；有303家旅行社，其中，具有出境组团资格的旅行社35家，全国百强社4家，全国利税十强社1家；直接从事旅游的人员约12万人，间接从事旅游业的超过55万人。

为引导企业建立切实可行的标准体系，以试点示范带动旅游服务标准的推广实施，在吃、住、行、游、购、娱六要素和旅游相关行业类别中选择了136家企业，作为武汉市旅游标准化试点示范单位。所有试点企业均成立了相应的标准化试点工作领导机构，配备了专门的工作人员，按照国家要求目前共制定出台了超过10 000项企业标准。作为武汉市试点企业的代表和标杆，也是全国首批旅游标准化试点单位（试点企业），长江轮船海外旅游总公司共制定527项企业标准，并参与制定了国家标准《内河旅游船星级的划分与评定》；作为全国第二批旅游标准化试点单位（试点企业）的代表，黄鹤楼公园景区正在加快推进旅游标准化试点工作，目前已先后制定了148项企业标准；东湖生态旅游风景区通过景区标准化提档升级，目前已经国家验收批准为国家5A级景区。

同时，武汉市成立了专家小组，对上述136家试点单位进行了跟踪指导和评估考核，并分期分批、分门别类地确认了以下一些工作成效显著的试点单位：国家旅游局对照《内河旅游船星级的划分与评定》，评定武汉长江海外旅游总公司和武汉扬子江游船有限公司下属的"长江天使号"等8条内河游船为星级游船。省旅游局现场检查武汉市旅游景区标准化创建工作，对武汉市实施《旅游度假区等级划分》《国家生态旅游示范区建设与运营规范》《民族民俗文化旅游示范区认定》《绿色旅游景区》《游乐园（场）安全和服务质量》5个标准的落实情况提出了认定意见。市旅游局对照《游览船服务质量要求》，确定武汉长江轮船海外旅游总公司和武汉旅联东湖游船有限公司所属游览船符合游览船标准的服务质量要求；对照《旅游电子商务网站建设技术规范》，确定武汉春秋国际旅行社符合旅游电子商务网站标准的技术规范要求；市星级饭店评定委员会对照《公寓（别墅）星级的划分》，确定武汉海滨城度假村为四星级公寓（别墅）。

（5）敢于革新，追求卓越，全面推动旅游产业提档升级。

一年多来，在国家旅游局和省旅游局的精心指导下，武汉市以改革创新为驱动力、以产业发展为立足点，全面推进试点各项工作，旅游标准化创建工作取得了明显成效，城市旅游功能不断完善，旅游服务水平不断提升，旅游标准化影响力不断扩大，推动旅游业向科学化、规范化、标准化、品牌化等方面发展，有力地推进了武汉市旅游产业转型升级，促进了旅游资源的优化配置和旅游产业的科学可持续发展。

①顺应时代需要，突破标准化新领域。

按照"敢为人先、追求卓越"的城市精神要求，武汉市在国家创建工作评分体系（1 000分）的基础上，以标准化创新为技术支撑，完善管理体制机制，全市旅游标准化试点工作形成了以下几大工作亮点和特色。

一是率先建立了旅游标准化体系技术支撑平台。为了促进武汉市旅游标准化过程中试点企业对标准文件的规范化与有序化管理，推进武汉市旅游标准化工作的信息化进程，市创建办了联合中南财经政法大学共同开发了《标准体系管理系统》，具备了体系框架管理、标准体系管理、操作管理、文件夹管理等各项系统、实用功能。试点企业根据《标准体系管理系统》并结合自身的实际情况，可以灵活地建立本企业的旅游标准化管理体系和企业标准体系，使企业能高效、有序地管理标准文件，能随时监控文件的变更情况，有效地帮助企业建立可持续改进的标准化管理机制。

二是率先完成了标准化地方政府规章立法。2013年8月20日，《武汉市旅游标准化工作管理办法》（下称《办法》）经市人民政府第61次常务会议审议通过，以武汉市人民政府令颁布。这是国家开展旅游标准化试点工作以来，全国首个以地方政府规章形式出台的标准化工作管理办法。《办法》不仅就旅游标准化工作机制、旅游公共服务领域标准化管理、监督管理机制等问题做出了明确规定，还率先明确制定了"旅游业地方规范""智慧旅游城市"和"绿色旅游新业态"的标准化管理规定。

三是率先出台了一批全国领先的地方标准。在武汉市已发布实施的14个地方标准中，《武汉市旅游景区（点）承载量评价技术规范》《城市旅游服务质量与评价规范》等均在国内取得了创新突破。例如，《武汉市旅游景区（点）承载量评价技术规范》已成为全国首个旅游业环境容量评价方面的地方标准。此外，《城市旅游服务质量与评价规范》也突破了传统的"六要素"的简单分类标准，形成了由旅游服务系统和旅游支撑系统构成的城市旅游服务分类体系，同时还立足于游客满意度评价的角度，建立了一套比较科学、完善的城市旅游服务指标评价体系。

②整合城市资源，打造大旅游产业板块。

旅游标准化试点工作的根本目的，是加快城市旅游功能提档升级，推动城市旅游业跨越式发展。在硬件方面，着力推进投资和重大项目建设，完善城市旅游公共服务设施建设，积极培育旅游产业园区和旅游新业态发展。在软件方面，不断优化旅游发展软环境，深挖旅游文化品质，加强旅游从业队伍建设，努力提升旅游业的国际化水平。

一是发展"大旅游"，推动国家旅游中心城市建设。按照建设国际旅游中心城市的战略目标，对武汉旅游业"十二五"规划进行了充实完善，按照"三核一带"的总体格局优化城市空间布局规划，以标准化推动旅游投资和项目建设，提升城市现代旅游服务功能。目前，由深圳华侨城集团、大连万达集团、大连海昌集团、香港瑞安集团等大型知名企业投资的东湖欢乐谷、楚河汉街、极地海洋世界、武汉天地等旅游新兴产业项目均已陆续完工开业，有力地彰显了以"大江大湖大武汉"为特色的国家旅游中心城市形象。中法两国签署了"中法武汉生态示范城项目"合作意向书，落户蔡甸区后官湖畔，拟规划建设中法游艇俱乐部、法兰西婚庆产业园等八大产业园区、八大法式风情小镇，打造一座低碳、节能、环保的法式小城，这将进一步丰富大武汉的旅游产品体系，推动旅游产业加快提档升级。

二是营造"大环境"，提升城市旅游业国际化水平。根据城市发展特点和趋向，一方面把旅游标准化试点工作和创建国家卫生城市、国家环境保护模范城市相结合，努力营造"美丽武汉""美丽产业"等可持续发展环境；另一方面以标准化创建工作带动城市对外开放，提升城市旅游业国际化水平。同时，还努力将标准化创建工作与即将在武汉市召开的"2015年第十届中国（武汉）国际园林博览会"做好工作对接，努力为中外游客和广大市民营造更加温馨、和谐的国际化旅游环境。

三是谋划"大产业"，实施城市旅游业战略升级。根据2013年11月市政府常务会议原则通过的《武汉市出台旅游业产业升级计划配套政策》，以标准化为引领，拟订了全市旅游产业战略升级计划，拟规划建设"两江四岸游""赏花游""都市休闲游""生态度假游"四大旅游精品体系，重点打造"赏花旅游""泛水旅游""工业旅游""科教旅游""红色旅游""医疗养生旅游"等十二大旅游特色产品系列，积极扶持十大重点旅游项目建设，努力打造3个5A级景区、18个4A景区、15个5星级酒店、3个国家百强旅行社和2个旅游上市公司，积极培育30家品牌餐馆和10家特色旅游购物场所。同时，还拟规划建设旅游集散中心、旅游咨询服务中心、旅游营销推广中心、旅游信息应用中心、旅游标准化推广中心五大旅游专业服务中心，完善智慧旅游信息服务体系，打造5个旅游交通环线体系、10条二级以上旅游公路体系，规划建设4A级及以上景区微循环旅游道路体系和一批高星级的旅游厕所。

在上述工作基础上，以标准化为技术支撑，下一步武汉市旅游业发展将迎来"三级跳"的战略机遇期：一是到2014年力争通过国家验收成为全国旅游标准化示范城市，进一步提高武汉旅游业在国内市场的知名度和影响力；二是到2016年实现游客年接待量和旅游总收入比2011年翻一番，力争将武汉建成长江中游城市群旅游核心枢纽和国家旅游中心城市；三是到2020年实现游客年接待量和旅游总收入比2011年翻两番，力争将武汉建成世界知名的旅游目的地城市。

2. 成功模式

武汉市在旅游标准化创建过程中成功探索的"一支撑三区分"模式受到国家旅游局高度肯定。主要做法如下：

（1）区分阶段实施旅游行业标准化。

初期，针对企业及全社会对旅游标准化认识不足、投入不够的情况，采取政府主导模式，全面营造全行业标准化的创建氛围，有效推进了全行业与全社会的标准化启蒙运动。

后期，重点在建立旅游标准化推广与实施的长效机制上进行突破，积极引入第三方专业机构，借助行业协会力量组建标准化专业技术委员会，确保旅游标准能够有效落地，标准化活动可持续推进。

（2）区分用途对标准体系进行分类实施。

行业板块——景区游览、餐饮娱乐等分板块，覆盖标准化试点企业实施一对一辅导，有效提升行业板块标准实施质量及产品服务质量。

市场品牌——创市场品牌（5A级等）。

（3）区分主体进行标准化实施绩效考评。

企业是此次旅游标准化创建被考评的第一主体，主要考核企业对具体标准的实施及企业在标准化管理方面的成效（创建氛围及效果、企业标准体系、内部管理流程等细节）；为准确有效地对试点企业进行评价，武汉市创建办特组织技术团队对全国旅游标准化"试点企业 1 000 分评价表"进行了逐项细化分解，并在具体考评组织工作加以使用和完善。

地区是此次旅游标准化创建被考评的第二主体，主要考核该试点地区政府及旅游行政主管部门，在全国旅游标准化试点工作过程中的组织领导、政策引导及推广主导等方面的综合成效。

（4）建立综合信息化平台的强有力支撑。

鉴于武汉市旅游标准化试点创建企业及地区数量大、分布广的特点，为及时全面地了解全市标准化试点创建的动态，有效地指导企业创建过程，并科学地决策及有效地组织管理全市创建行动，武汉市旅游标准化试点创建办借助现代信息技术开发"武汉市旅游标准化综合信息支撑平台"，该平台在功能上构建了五大模块（如下），使之成为此次创建行动的强有力支撑。

模块 1——全市旅游标准化实施动态测评模块：依据试点评估表的要求，对全市的试点企业旅游标准化实施状况进行动态数据采集与在线测评、统计，确保了武汉市旅游标准创建办能够在第一时间全面掌握全市各试点企业及地区创建进度，并帮助企业进行企业间横向比较和自测，及时了解自我差距及下一步努力方向；

模块 2——旅游标准知识库检索模块：对目前所涉及的旅游相关国家标准、行业标准构建标准化知识仓库，供试点单位用户在线检索；

模块 3——公共信息导向标识标牌在线查询模块：依据国家公共图形符号标准，建立公共导向标识标牌应用案例库，供试点单位在线查询和借鉴；

模块 4——旅游标准化应用案例库模块：结合国内外旅游标准化的先进经验，建立武汉市旅游标准化多行业板块的应用案例库，提供标杆企业借鉴、对比参照、相互交流学习；

模块 5——武汉市旅游试点企业 GIS 管理模块：对试点地区和企业的旅游标准化现状构建起基于地理信息系统（GIS）的可视化数据库，供组织管理者及企业直观查询。

注册/用户访问主要针对武汉市试点企业、地区，该信息平台直接链接：国家创标办、武汉市创标办、标杆企业、标准化研究中心等外网。

(二)三亚经验[①]

2014年11月,三亚市被国家旅游局确立为全国第三批旅游标准化试点城市,这既体现了国家旅游局、省旅游委对三亚市旅游工作的充分肯定和高度重视,也体现了各级领导对三亚市旅游产业发展的关心、支持和厚爱。

开展旅游标准化建设工作是优化旅游产业结构、促进旅游业发展的重要措施。在打造海南全域旅游省建设的新形势下,三亚市进一步认识到旅游标准化工作对提高全市旅游服务质量、改善旅游发展软环境、推进旅游产业转型升级、促进现代服务业发展的重要意义。自开展全国旅游标准化试点城市建设工作以来,三亚市根据国家旅游局、省旅游委的工作安排和总体部署,按照《全国旅游标准化试点地区工作标准》和《全国旅游标准化试点企业工作标准》有关要求,积极组织23个相关政府职能部门和60家试点企业全面参与创建工作,经过近两年的旅游标准化创建工作,全市旅游产业呈现出蓬勃发展的良好态势。2015年,三亚市共接待海内外游客1 495.73万人次,实现旅游总收入302.31亿元,同比分别增长10.57%和12.1%,提升了三亚旅游业整体发展水平和国际竞争力,为建设幸福三亚、生态三亚、宜居三亚和文明三亚的战略目标奠定坚实基础;在创建工作中,我们以建立健全旅游标准体系、加强旅游标准宣传培训、有序实施旅游各项标准、提升城市旅游服务功能、打造特色旅游产品等各项任务为核心,圆满完成了试点工作的各项任务,较好地达到了创建工作的终期评估验收标准。三亚市开展旅游标准化试点工作的成功经验如下:

1. 加强领导,统筹部署,强力推进旅游标准化试点工作

近年来,在国家旅游局和海南省委、省政府的关心支持下,三亚市委、市政府高度重视旅游标准化工作对于旅游业可持续发展的重要作用,积极支持三亚市建设"热带滨海度假旅游目的地"和"海南国际旅游岛集散地"的奋斗目标,将创建全国旅游标准化示范城市工作纳入了市政府年度工作计划,明确提出了"政府推动、部门联动、试点带动、企业行动、社会互动"的创建工作总体思路,市旅游、质监、食药、交通、海洋、商务、文体、林业、园林等相关部门明确分工、密切配合,全市旅游标准化试点工作扎实、有序推进。

[①] 本案例来自本书团队咨询实践案例之"总结报告"。

(1) 各级领导重视，全面推进旅游标准化试点工作。

2016 年 1 月，国家旅游局局长李金早等领导在三亚出席了 2016 年全国旅游市场秩序整治工作现场交流会，并对三亚旅游产业新业态、旅游市场治理管理情况和度假酒店发展动向等问题进行调研，并召开了专题座谈会；2016 年 4 月，海南省旅游委敖力勇副主任对三亚市旅游标准化创建工作进行检查和辅导；2015 年 6 月，三亚市政府常务会专题讨论旅游标准化创建工作，同年 11 月召开三亚市创建第三批全国旅游标准化试点城市工作动员大会；2016 年 3 月，在三亚市第六届人民代表大会第七次会议上，吴岩峻市长做了《三亚市政府工作报告》，将创建旅游标准化工作列入今后政府工作内容。目前为止，各级领导先后十余次深入旅游一线开展调研，组织旅游企业座谈，亲自部署，直接指导。其中，市政府领导组织召开创建工作专题会议共 8 次，实地督查指导试点工作 2 次。三亚市在全部五大类 30 项工作中均达到标准要求，自评总分为 990 分，较好地完成了试点工作目标。

(2) 组织机构健全，形成部门工作合力。

2015 年，三亚市委、市政府将旅游标准化创建工作列入三亚市国民经济和社会发展"十三五"规划并写入了今后的政府工作报告。市委、市政府建立了旅游标准化长效机制，成立了以市委副书记、市长吴岩峻同志为组长，市委副书记、常务副市长岳进同志为副组长，旅游、质监、发改、财政、工商、食药监、交通、文体、安监等 17 个相关政府职能部门为成员单位的全市旅游标准化试点城市建设工作领导小组。市直相关部门、各试点企业也成立了相应的旅游标准化试点工作组织机构，制定了相关会议制度，定期组织领导小组成员单位和试点旅游企业召开会议，研究工作，分析问题，布置任务。市人民政府经认真研究后制定并印发了《三亚市开展全国旅游标准化试点城市建设工作方案》，明确了指导思想和发展目标、主要任务和加快推进旅游标准化的各项保障措施，把试点目标任务合理分解到各部门各单位。市旅游、安监、财政、交通、林业、商务、食药监、文体、园林环卫、质监、亚龙湾管委会、天涯区旅游文体局等 17 个部门也分别制定了具体工作方案，细化目标，明确任务，责任到人。此外，市旅标办还从旅游、安监、财政、海洋、林业、园林环卫、文体、交通、商务等职能部门抽调 17 名工作人员组成创建专班，确保了创建工作顺利进行。

(3) 政策配套完善，健全多元化投入机制。

一是加快旅游标准化立法。2016年7月，三亚市以地方政府规章形式制定出台《三亚市旅游标准化工作管理办法》，为全市旅游标准化试点工作提供了强有力的立法支持。二是加强旅游标准化技术支撑。2015年1月，市旅标办聘请了专业咨询团队作为三亚市推进旅游标准化工作的专业性技术团队，负责指导全市旅游标准化创建工作，在不同阶段先后8次对三亚市相关职能部门、试点企业和全市旅游企业进行旅游标准化试点城市创建工作专题系列培训，并配合市政府制定《三亚市旅游标准化发展规划（2016~2020）》和《三亚市旅游业标准体系表》。三是确保旅游标准化资金保障。市财政部门明确了2014年、2015年、2016年三年累计直接投入29 647.5万元用于支持和推进全市旅游标准化创建工作。市旅游标准化工作领导小组将标准化工作职责纳入相关部门的年度目标考核。截至目前，市旅游、质监、食药、交通、海洋、商务、文体、林业、园林、财政、安监11个部门先后制定出台了旅游标准化工作倾斜政策。四是落实旅游标准化奖励政策。2016年7月，制定出台了《三亚市旅游标准化工作奖励暂行办法》，形成了专门的奖励扶持制度，目前已经按照该办法兑现了专项经费共414万元，其中，旅游标准化试点企业工作经费180万元，各相关部门也及时兑现了各种评定类补贴经费234万元。待此项工作通过国家旅游局验收合格后，还计划评选出30家旅游标准化示范企业，并给予奖励经费共150万元。

(4) 广泛宣传培训，舆论引导旅游标准化创建工作。

在旅游标准化培训方面，根据《全国旅游标准化试点地区工作标准》的要求，结合三亚实际，编制了《旅游标准化知识100问》等系列培训教材资料共7 000余册，共组织各类标准化培训班8期、3 000余人次，其中，统一组织全行业单位进行培训3期、750余人次，统一组织标准化试点单位进行培训7期、2 200余人次，统一组织市相关政府职能部门进行培训6期、120余人次，较好地普及了标准化知识。同时，为了旅游标准化创建工作取得事半功倍的效果，组织政府相关职能部门和60家试点企业分别分3次赴武汉、洛阳、焦作和海口等旅游标准化示范城市进行实地考察学习，另外还组织部分试点企业参加由省旅游委组织赴黄山、武汉等地实地考察学习。

在旅游标准化宣传方面，三亚市以提高标准化知晓和普及率为工作目标，努力营造"与世界同步、与标准同行"的创建社会氛围。自开展创建工作以来，全市共投放了宣传画 2 400 余份、户外大型立柱和室内灯箱广告共 120 余块，编制印发"创建全国旅游标准化示范城市"宣传折页 2 500 余份、旅游标准化知识100 问 2 500 余份。在《三亚日报》等主要媒体上不定期发布三亚市旅游标准化创建的工作新闻。同时，在全国旅游标准化试点信息交流平台上报送简报期，其中试点地区报送简报 40 期，各试点企业报送简报篇，内容涵盖工作进展、创建活动等方面。此外，还搭建了互动互学平台，建立了三亚市旅游发展委员会微信公众平台，共发表微信报道篇，实时报道和反映旅游标准化工作进展情况，还建立了三亚市旅游标准化创建工作微信工作群，多次召开三亚市旅游标准化创建工作推进会暨经验交流会，促进了政府各职能部门和试点企业之间的相互沟通与学习交流。

2. 提升功能，强化服务，贯彻落实国家标准和行业标准

为更好地方便游客在武汉市开展旅游活动，对三亚城市旅游公共服务平台进行了全面规划建设，启动了三亚市民游客中心、三亚旅游集散中心、三亚旅游信息咨询中心、旅游厕所、旅游标识标牌、智慧旅游六大重点项目的建设工作，按照国家二级城市旅游集散中心标准，完成了 1 家集散中心的规划建设，对主城区内 99 座公共厕所进行了标准化改造。此外，全市三星级以上宾馆、3A 级以上景区、主要旅游特色街区、旅游公共场所和火车站、机场、汽车站、城市道路上均设立了旅游行车导向标识。截至目前，全市共新增旅游行车导向标牌478 块，已建成 376 块，在建 102 块；新增旅游行人导向标识 322 处；全市 60 家试点企业和旅游厕所、市民游客中心、旅游信息咨询中心的公共信息图形符号和公共信息导向系统全部进行了整改。目前，三亚市已建成了 1 家市民游客中心，在原有三亚旅游巡回法庭和旅游市场综合整治工作领导小组的基础上，还设置了全国首创的旅游警察机构，为中外游客提供了安定、有序的旅游环境，游客满意度明显得到提升。

为提高三亚旅游基础设施建设和管理服务水平，对照国家标准和行业标准，加快推进旅游服务设施的提档升级。目前，经国家级旅游主管部门认定的有：生态旅游示范区 1 家，绿色旅游景区 8 家，绿色旅游饭店 33 家，经省级以上旅游标准化部门认定的有：AAA 级旅行社 4 家、旅游度假区 1 家、民族民俗文化旅游示范区 1 家，游乐园（场）1 家。经市级旅游标准化部门认定的有：旅游接待指定餐饮店 22 家，其中，金盘级旅游餐饮 21 家、银盘级旅游餐饮 1 家；旅游

购物示范点 6 家，其中，文化娱乐场所 3 家、四星级旅游汽车公司 3 家。

3. 科学规划，着眼长远，建立健全旅游业地方标准体系

旅游业地方标准体系是展现地方特色和魅力的重要技术载体，旅游业地方标准的水平和质量，直接关系到城市旅游业特色和亮点的培育和打造。一年多来，三亚市在贯彻落实国家标准和行业标准的同时，根据三亚市旅游业特点和实际，科学研究制定了一批全国领先、特色鲜明的旅游业地方标准，并且逐步形成了特色地方标准体系。

（1）注重探索实践，加大标准化创新力度。

在标准规范方面，三亚市先后编制完成了《三亚一日游服务规范》《近海旅游船服务规范》《婚礼服务规范》《婚纱摄影企业等级的划分与评定》《海鲜餐饮经营服务规范》《海鲜餐饮等级的划分与评定》6 项特色地方标准。其中，《婚礼服务规范》《婚纱摄影企业等级的划分与评定》《海鲜餐饮经营服务规范》《海鲜餐饮等级的划分与评定》4 项地方标准是全国首创，是与《中华人民共和国旅游法》紧密衔接的前沿性地方标准。同时，三亚市还制定了《海鲜餐饮诚信经营管理评价标准》，目前已得到省质量技术监督局批准立项。

（2）执行贯标原则，狠抓地方标准实施。

在地方标准实施方面，对三亚市 60 家旅游标准化试点企业进行了地方标准的实施推广，现已完成了《旅游景区（点）安全管理规范》《旅游饭店安全管理规范》等 20 项地方标准的贯彻实施工作；同时，对新发布的《婚礼服务规范》等 6 项地方标准和《出租汽车客运服务质量规范》等其他 3 项地方标准，计划在全市潜水、出租车、婚庆、海鲜餐饮等旅游行业内选定 176 家企业进行 9 项地方标准的推广实施。通过对三亚市旅游标准化试点企业及其他涉旅企业贯彻落实地方标准，将全面提升三亚市旅游行业服务品质，在全行业内起到了示范引领作用。

（3）突出地方特色，健全旅游标准化工作机制。

为充分彰显城市特色，三亚市较早地组织专家对《中华人民共和国旅游法》和《海南省旅游条例》等立法最新成果进行了研究借鉴，创造性地将休闲度假区及特色旅游景区（点）、康体休闲旅游、公寓别墅的星级划分、汽车旅馆/房车营地、旅游船设施与服务、特色旅游交通标准、三亚特色餐饮标准、休闲度假设施管理与服务等纳入旅游业地方标准体系中。目前，三亚市还制定了比较

完善、系统的《三亚市旅游标准化发展规划（2016~2020）》和《三亚市旅游标准体系表》，既满足了当前旅游业发展对标准的实际需要，展示了三亚旅游发展新业态，又保持了城市旅游标准体系的可扩充性，为新的标准发展预留了空间。

4. 典型示范，标准引领，努力培育试点企业做强做大

截至2016年6月，三亚市共有A级景区17个；其中，国家5A级景区2个、4A级景区6个；有星级饭店44家，其中，五星级饭店14家，四星级饭店17家；有1个5椰级乡村旅游点；有旅行社266家，其中，集团旅行社2家；直接从事旅游的从业人员约万人，间接从事旅游业的从业人员超过万人（问协会）。

为引导企业建立切实可行的标准体系，以试点示范带动旅游服务标准的推广实施，在吃、住、行、游、购、娱六要素和旅游相关行业类别中选择了60家旅游试点企业，作为三亚市创建旅游标准化示范城市的试点单位。所有试点企业均成立了相应的标准化试点工作领导机构，专门设置了旅游标准化创建工作办公室，并配备了专门的工作人员，目前，各试点企业共制定和完善了18 000余项企业标准。

同时，市政府各职能部门指导全市的旅游企业针对《全国旅游标准化试点地区工作标准》的要求，对照国标、行标、地标分门别类地进行了跟踪指导和评估考核。确认了以蜈支洲岛旅游区等8家旅游景区为绿色旅游景区，三亚凤凰岛度假酒店等18家旅游饭店为绿色旅游饭店，亚龙湾热带天堂森林公园为国家生态旅游示范区，亚龙湾国家旅游度假区为国家蓝色海洋示范基地，亚龙湾维景国际度假酒店为全国文明旅游先进单位。另外，市旅游委指导三亚大小洞天旅游区对照《民族民俗文化旅游示范区认定》和《绿道旅游设施与服务规范》标准进行了实施。市文体局指导三亚美丽之冠等3家旅游娱乐场所对照《旅游娱乐场所基础设施管理及服务规范》标准进行了实施，市商务局指导海棠湾国际免税店等6家试点企业对照《旅游购物点质量等级划分与评定》标准进行了旅游购物示范店的评定，市安监局指导三亚千古情景区对照《游乐园（场）安全和服务质量》标准进行了实施；市交通局指导三亚洋海船务等2家单位对照《近海旅游船服务规范》《游览船服务质量要求》这两个标准进行了实施。通过此项系列工作的开展，三亚市共筛选出55家重点单位，30家试点示范单位，7家标杆单位，其中，三亚携程国际旅行社有限公司、南山文化旅游区、三亚天

域度假酒店等单位已分别成为试点地区旅行社、景区、饭店和内河旅游船的标杆代表；同时，三亚天域度假酒店中餐厅、中免集团三亚市内免税店有限公司、三亚千古情旅游演艺有限公司、海南银亚汽车运输有限公司等单位也分别被评定为旅游餐馆、旅游购物场所、旅游娱乐场所、旅游客运公司等相关行业领域的示范单位。

5. 敢于革新，追求卓越，全面推动旅游产业提档升级

一年多来，在国家旅游局和省旅游委的精心指导下，三亚市以改革创新为驱动力、以产业发展为立足点，全面推进试点各项工作，旅游标准化创建工作取得了明显成效，城市旅游功能不断完善，旅游服务水平不断提升，旅游标准化影响力不断扩大，推动旅游业向科学化、规范化、标准化、品牌化发展，有力地推进武汉旅游产业转型升级，促进了旅游资源的优化配置和旅游产业的科学可持续发展。

（1）顺应时代需要，突破标准化新领域。

按照"极力争取"的城市精神要求，三亚市根据《全国旅游标准化试点地区工作标准》评分体系（1 000分）的要求，以标准化信息平台和标准化管理系统为技术支撑，完善管理体制机制，全市旅游标准化试点工作形成了以下几大工作亮点和特色。

一是引入外力，有序推进旅游标准化创建工作。为了促进三亚市旅游标准化建设过程中试点企业的标准化创建工作，推进三亚市旅游标准化工作的进程，市旅标办聘请了专业技术团队，对三亚市60家试点企业进行一对一辅导，采集相关信息，调研创建工作，做出诊断报告，提供旅游标准化信息平台账号，监督每家企业创建工作落实情况，提高了市旅标办和试点企业的工作效率。

二是完成了标准化地方政府规章立法。《三亚市旅游标准化工作管理办法》（以下简称《办法》）经市人民政府第68次常务会议审议通过并实施。同时，三亚市根据《办法》制定了《旅游标准化奖励暂行办法》。以上两个《办法》的出台，充分调动了武汉旅游企业参与旅游标准化建设的积极性，提高了旅游企业标准化、规范化服务管理水平。

三是出台了一批独具特色的地方标准。近年来随着三亚知名度和美誉度不断提升，三亚游客接待量逐年上升，同时在旅游消费中不同程度地出现了损害游客利益的现象，给三亚城市形象带来了一定的负面影响，严重阻碍了三亚旅游行业的可持续健康发展。因此,三亚市制定了《三亚一日游服务规范》《近海旅游船服务规范》《婚礼服务规范》《婚纱摄影企业等级的划分与评定》《海鲜餐饮经营服务规范》《海鲜餐饮等级的划分与评定》6项地方标准,目前省质量技术监督局已发布实施。凸显了三亚市作为国际性热带滨海旅游精品城市的发展定位和产业特征,在国家标准、行业标准、地方标准和企业标准未能覆盖但又是三亚旅游业亟须规范提升的情况下,贯彻了三亚市在标准化创建工作中"有标贯标、无标制标、缺标补标"的原则。

(2)整合城市资源,打造全域旅游新格局。

旅游标准化试点工作的根本目的,是加快城市旅游功能提档升级,推动城市旅游业跨越式发展。在硬件方面,我们着力推进投资和重大项目建设,完善城市旅游公共服务设施建设,积极培育旅游产业园区和旅游新业态发展。在软件方面,我们不断优化旅游发展软环境,深挖旅游文化品质,加强旅游从业队伍建设,努力提升旅游业的国际化水平。

一是发展"大旅游",推动三亚国际性热带滨海旅游精品城市建设。按照这一战略目标,我们对三亚旅游业"十二五"规划进行了充实完善,按照"一心、一带、一轴、三区"的旅游总体发展格局优化城市空间布局规划,以旅游标准化创建工作为抓手,推动旅游投资和项目建设,提升城市现代旅游服务功能,促使景区景点、旅游业态、旅游产品不断转型升级,做优做精做美做强旅游业,全力推进全域旅游。目前,由复星集团投资建设,科兹纳国际控股公司经营管理的三亚亚特兰蒂斯度假酒店,总占地面积约806亩,总投资金额约人民币110亿元。诸如此类的旅游项目将促进三亚旅游产业的转型升级、精品发展、高端发展和可持续发展战略,丰富旅游产品体系,优化旅游产业布局,强化旅游管理,缩小旅游业与世界水平的差距,打造三亚旅游产品的独特性和核心竞争力。大力推动三亚国际性热带滨海旅游精品城市建设。

二是营造"大环境",提升三亚旅游业国际化水平。根据城市发展特点和趋向,一方面把旅游标准化试点工作和创建国家文明城市和"双修双城"基础设施建设为抓手,推进生态修复、城市修补,处理好发展与生态的关系,努力营造"幸福三亚""生态三亚""宜居三亚""文明三亚"等可持续发展环境;另一方面以旅游标准化创建工作带动城市对外开放,提升城市旅游业国际化水平。目前,三亚市已开通国内外航线131条,其中国内航线117条,国际航线14条,国际航空航线分别是三亚—俄罗斯莫斯科，三亚—日本大阪，三亚—韩国仁川（2个航班），三亚—新加坡，三亚—泰国普吉，三亚—德国法兰克福等17个航班。另外，海南拥有中国最为优惠的26国免签政策，对俄罗斯、日本、韩国等21个国家的5人以上团队免签证，大大地吸引了广大的境外游客。这些优惠政策和国际航线的开通，使三亚成为更加国际化的旅游对外开放城市。

三是谋划"大产业"，实施三亚旅游业战略升级。根据2016年2月三亚市六届人大七次会议通过的《三亚市旅游业发展"十三五"规划》[①]，我们以标准化为引领，建设"一市两区四地"为发展目标，"一市"是指国际一流热带滨海旅游精品城市；"两区"是指国家滨海乡村旅游度假示范区、国家旅游自贸（试验）区；"四地"是指全国热带婚庆文化产业示范地、海上丝绸之路文化体验基地、国家体育运动休闲基地、中国首脑外交和休闲基地。以旅游目的地建设为统领，走"旅游+"的产业融合发展道路，提高旅游业质量和水平，推进三亚旅游业国际化、全域化、智慧化、精品化建设。不断提高旅游住宿、餐饮、娱乐、购物、游览、交通六大类旅游产业的综合服务能力，进一步促进三亚旅游业与"农、文、体、海、商、医"六大产业相融合，重点培育低空旅游、邮轮旅游、婚庆旅游三大旅游新兴业态。积极扶持三亚凤凰岛国际邮轮码头、红塘湾海上新机场等重点旅游项目建设，继续加大财政支持，设立三亚市旅游发展专项资金，对成功创建5A级景区、度假区等项目，采取后补助方式给予支持。努力打造三亚一级城市旅游集散中心，完善16个产业小镇的旅游功能和智慧旅游服务体系，规划建设47个美丽乡村和一批A级旅游厕所。

在上述工作基础上，三亚市以旅游标准化为技术支撑，认真贯彻落实党的十八大和十八届三中全会精神，牢固树立创新、协调、绿色、开放、共享五大发展理念，抢抓旅游业发展机遇，实现"三级跳"的战略目标：一是到2016年力争通过国家旅游局对三亚市创建全国旅游标准化示范城市的评估验收，进一步提高三亚旅游业在国内外市场的知名度和影响力；二是到2018年实现游客年接待量和旅游总收入比2013年翻一番，力争将三亚建设成为海南国际旅游岛集散地、国际著名的热带滨海度假旅游目的地；三是到2022年实现游客年接待量

---

① 注：旅游功能将分区成：一心、一带、一轴、三区。"一心"：三亚市旅游综合服务中心范围为三亚主城区，是大三亚旅游圈的中心和客源集散地；"一带"：热带滨海度假旅游带，即三亚至海棠湾镇及三亚至崖城镇；"一轴"即生态文化景观轴；"三区"即东部滨海度假旅游区、西部文化休闲旅游区和北部山林保育及发展预留区。

和旅游总收入比 2013 年翻两番，力争将三亚建成世界知名的旅游目的地城市。

　　三亚成为全国旅游标准化示范城市只是三亚旅游业发展的一个阶段性目标。自 2004 年起三亚正在继续深入实施旅游标准化战略，目前已经推进了两轮旅游标准化工作，最终将实现旅游全行业覆盖。旅游标准化的最终目的是培育城市旅游目的地品牌、提高旅游产品质量、提升旅游服务水平，旅游标准化正在助推三亚打造成特色鲜明的国际性热带滨海度假旅游城市和最佳旅游目的地。

参考文献

[1] 白殿一等：《标准的编写》，中国标准出版社2009年版。

[2] 李春田主编：《标准化概论 第5版》，中国人民大学出版社2010年版。

[3] 汪应洛：《系统工程理论、方法与应用》，高等教育出版社1992年版。

[4] ［美］斯蒂芬·P. 罗宾斯（Stephen P. Mbis），玛丽·库尔特（Mary Coulter）：《管理学》（第九版），中国人民大学出版社2010年版。

[5] 王忠敏主编：《标准化基础知识实用教程》，中国标准出版社2010年版。

[6] GB/T 15566.1－2007 公共信息导向系统设置原则与要求 第1部分：总则［S］。

[7] GB/T 15566.9－2012 公共信息导向系统设置原则与要求 第9部分：景区［S］。

[8] GB/T 1001.1－2012 标志用公共信息图形符号 第1部分：通用符号［S］。

[9] 张凌云、朱莉蓉：《中外旅游标准化发展现状和趋势比较研究》，载于《旅游学刊》2011年第5期。

[10] 魏小安主编：《旅游标准化工作手册》，中国标准出版社1998年版。

[11] 魏小安、张灵光主编：《共同的事业 中国休闲标准化发展导引》，中国计量出版社2011年版。

[12] 张凌云、朱莉蓉：《旅游标准化导论》，旅游教育出版社2014年版。

[13] 北京市旅游发展委员会：《北京市旅游标准化实践与探索》，中国旅游出版社2014年版。

[14] 国家旅游局监督管理司编：《中国旅游业国家标准和行业标准汇编》，中国标准出版社2012年版。

[15] 李志鹏、冯艳滨等：《旅游标准化理论研究与实践》，中国旅游出版社2013年版。

[16] 舒伯阳等：《全国旅游标准化发展政策研究》，国家旅游局监管司，

2014年。

[17] 舒伯阳、徐其涛:《标准化与信息化协同的全域旅游创建模式研究》,载于《旅游论坛》2018年第2期。

[18] 吴国清:《旅游标准化与质量管理》,上海科学普及出版社2014年版。

[19] 邱萍:《旅游标准化研究与创新》,旅游教育出版社2015年版。

[20] 彭志凯:《中国旅游标准化工作20年综述:成就显著,挑战犹存》,中央政府门户网站,http://www.gov.cn/gzdt/2006-10/14/content_413226.htm。

[21] 王季云、舒伯阳:《旅游标准化管理精要》,中国标准出版社2015年版。

[22] 王季云、姜雨璐:《旅游业标准体系的思考与重构》,载于《旅游学刊》2013年第11期。

[23] 国家旅游局:《全国旅游标准化发展规划(2016~2020)》。

[24] 北京市旅游发展委员会:《北京市旅游标准化实践与探索》,中国旅游出版社2015年版。

[25] 马震:《中欧旅游标准化运作机制比较研究及其对我国的启示》,载于《标准科学》2006年第3期。

[26] 何力、李泽华:《走向世界的中国旅游标准化工作》,载于《中国标准化》2003年第7期。

[27] 甘克勤:《标准大数据实践》,中国标准出版社2016年版。

[28] 马震、李树民:《中欧旅游标准化运作机制比较研究及其对我国的启示》,载于《标准科学》2006年第11期。

[29] 王宇、王季云:《旅游标准化管理工具》,中国标准出版社2015年版。

[30] 王季云、舒伯阳等:《旅游饭店标准化管理实务》,中国标准出版社2015年版。

[31] 王季云、舒伯阳等:《旅行社标准化管理实务》,中国标准出版社2015年版。

[32] 王季云、舒伯阳等:《景区标准化管理实务》,中国标准出版社2015年版。

[33] 李春田:《标准化概论(第四版)》,中国人民大学出版社2005年版。

[34] 赵捷:《企业信息化总体架构》,清华大学出版社2011年版。

[35] 黄梯云:《管理信息系统(第4版)》,高等教育出版社2010年版。